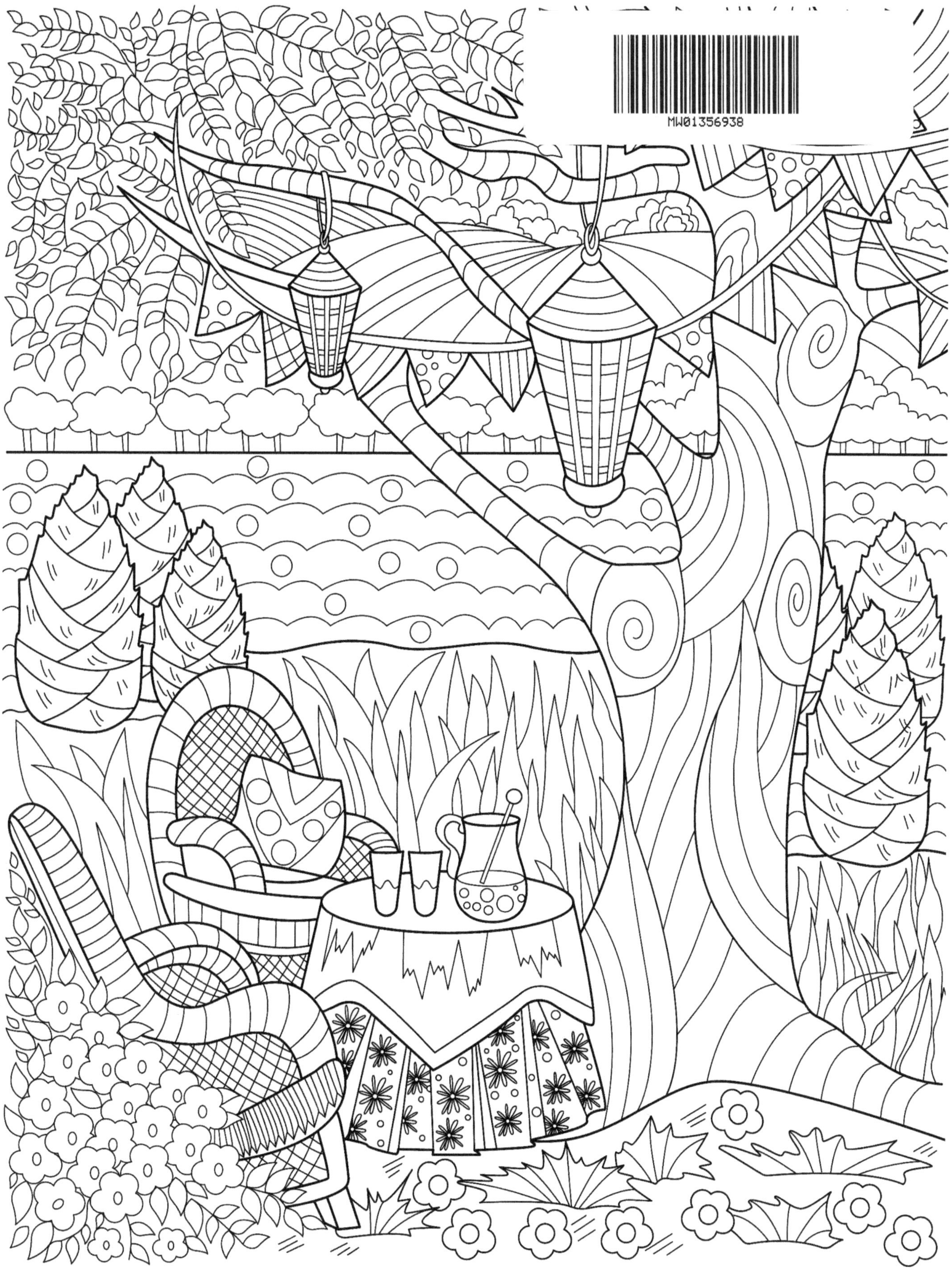

ZenArt Editions

Harmonieuze tuinen

Ontspannend kleurboek

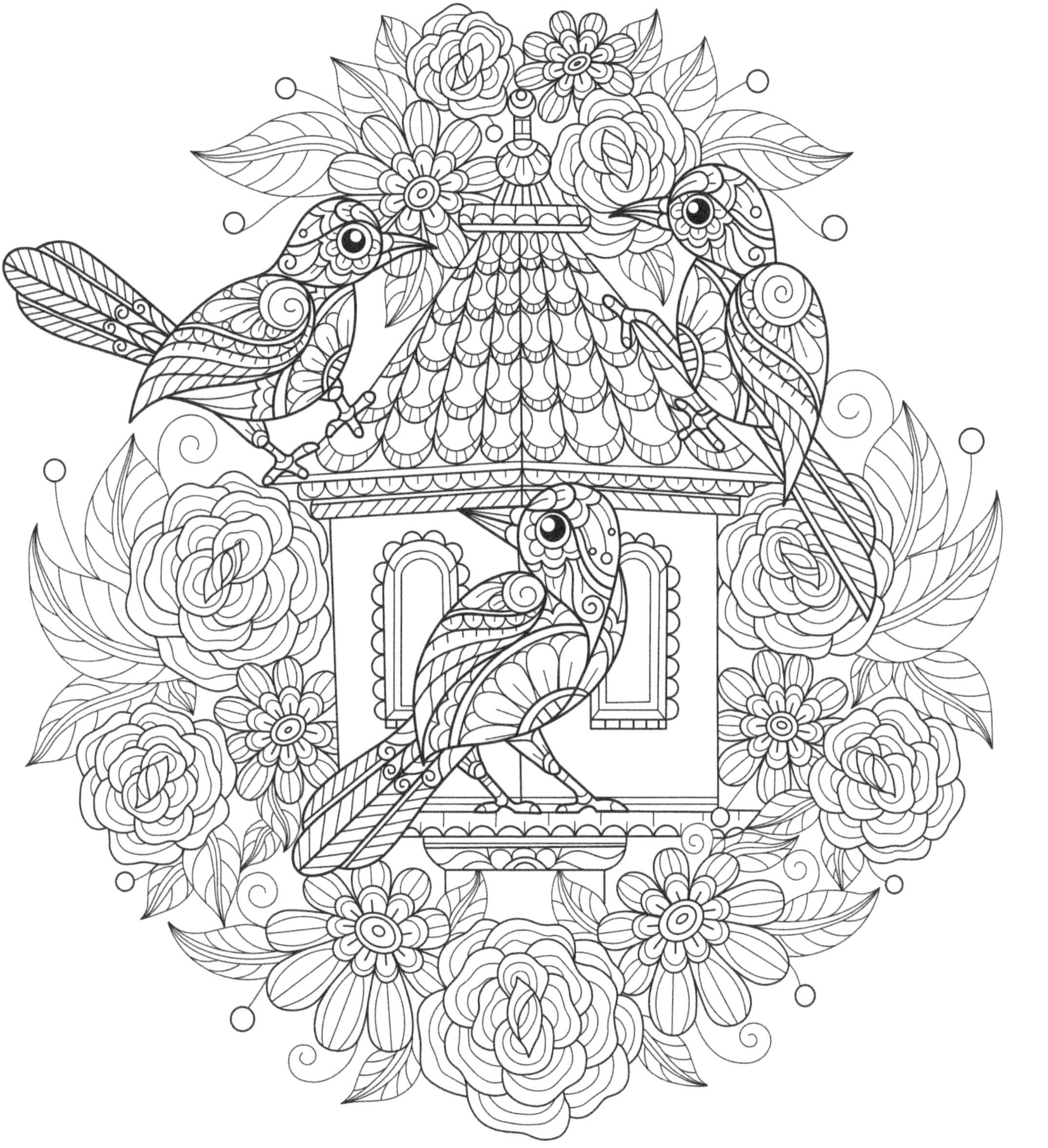

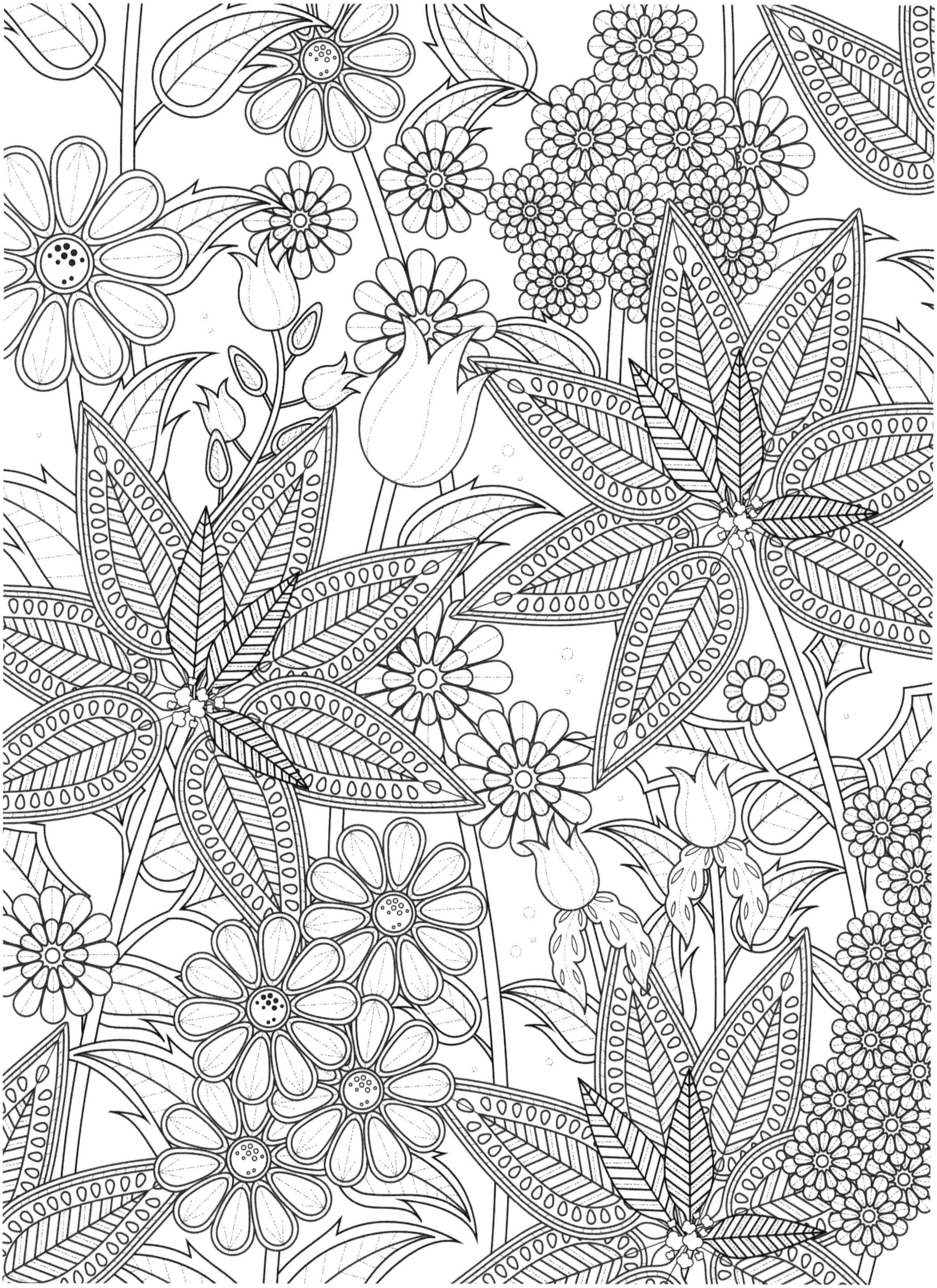

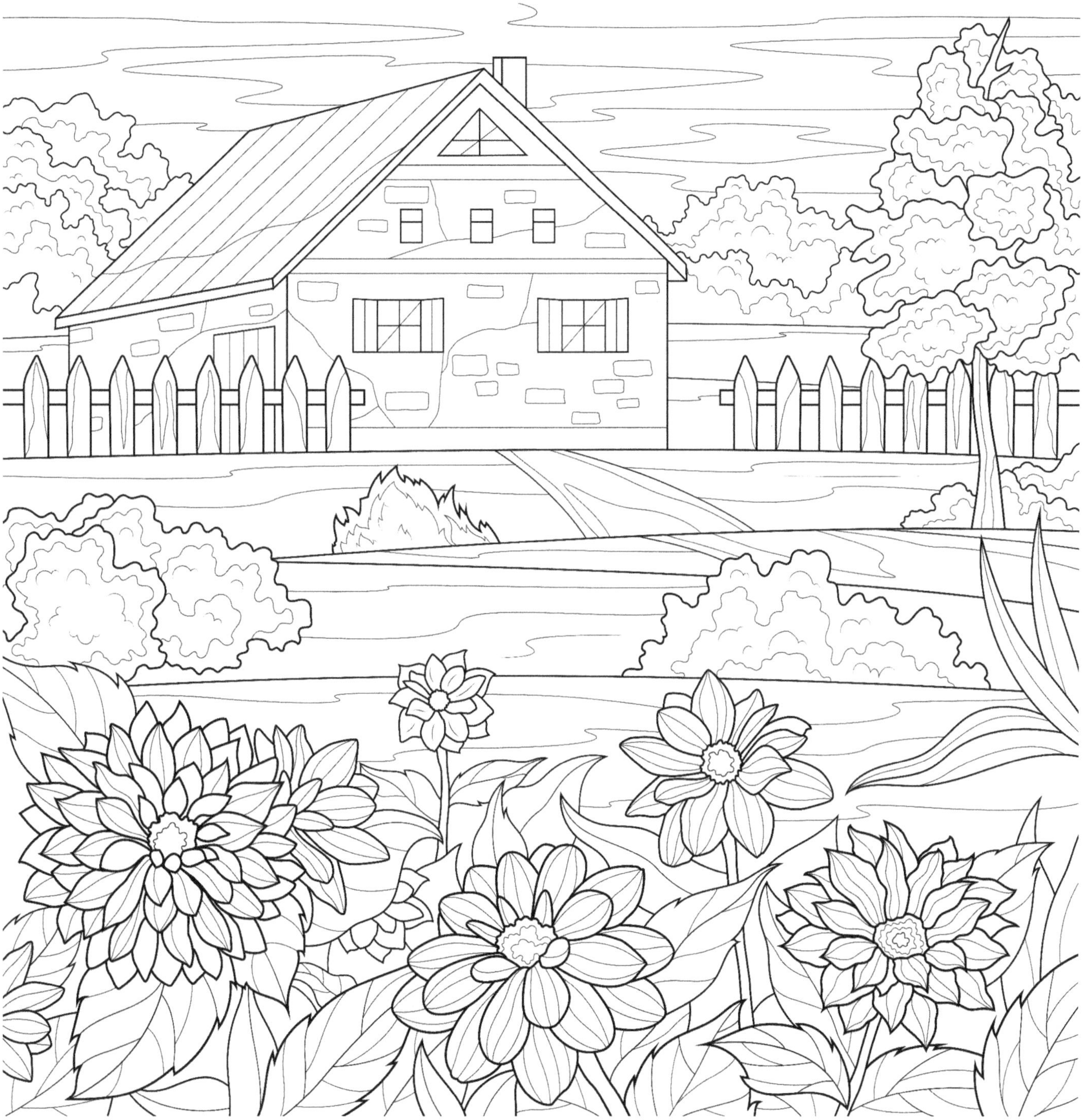

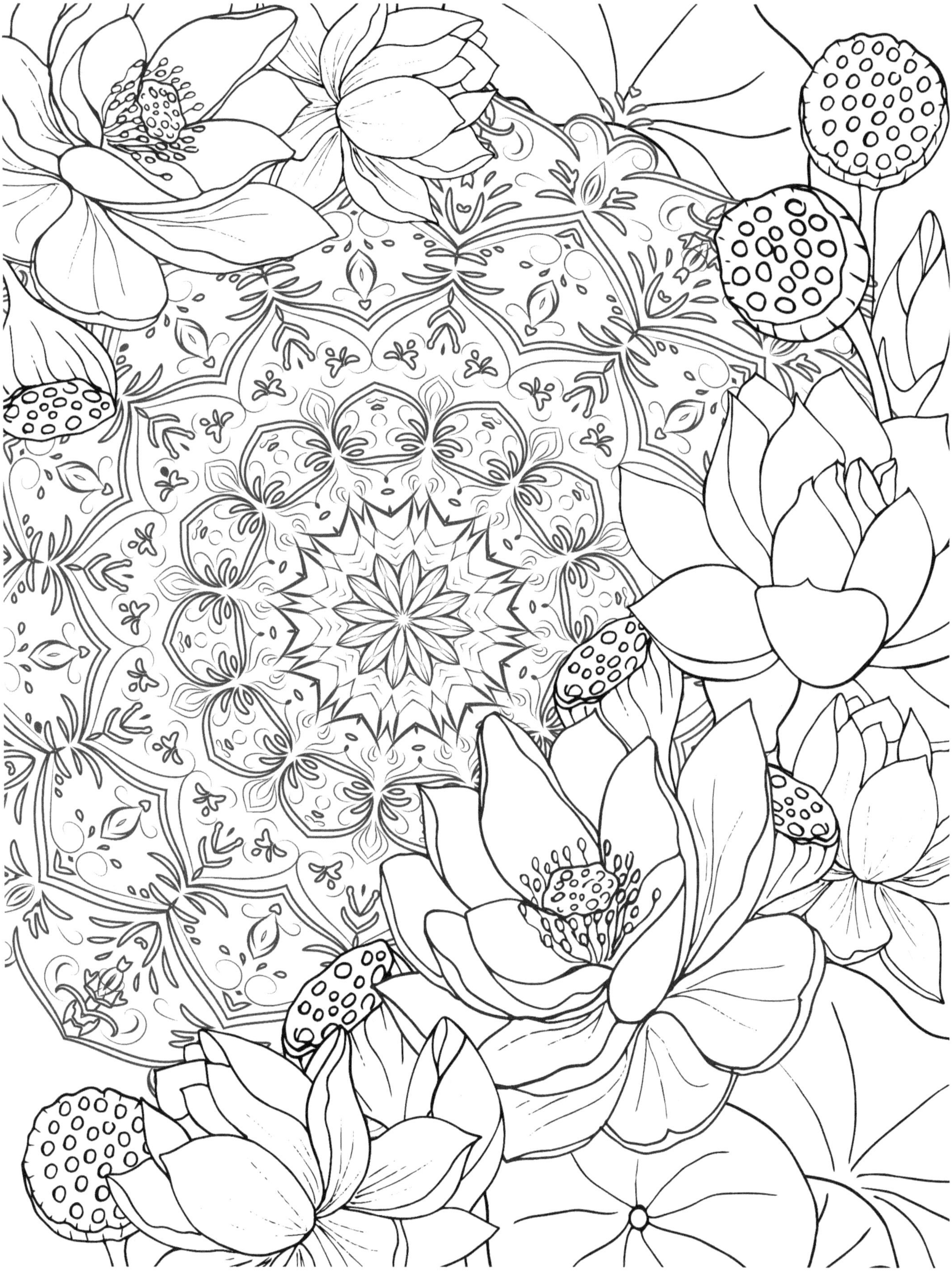

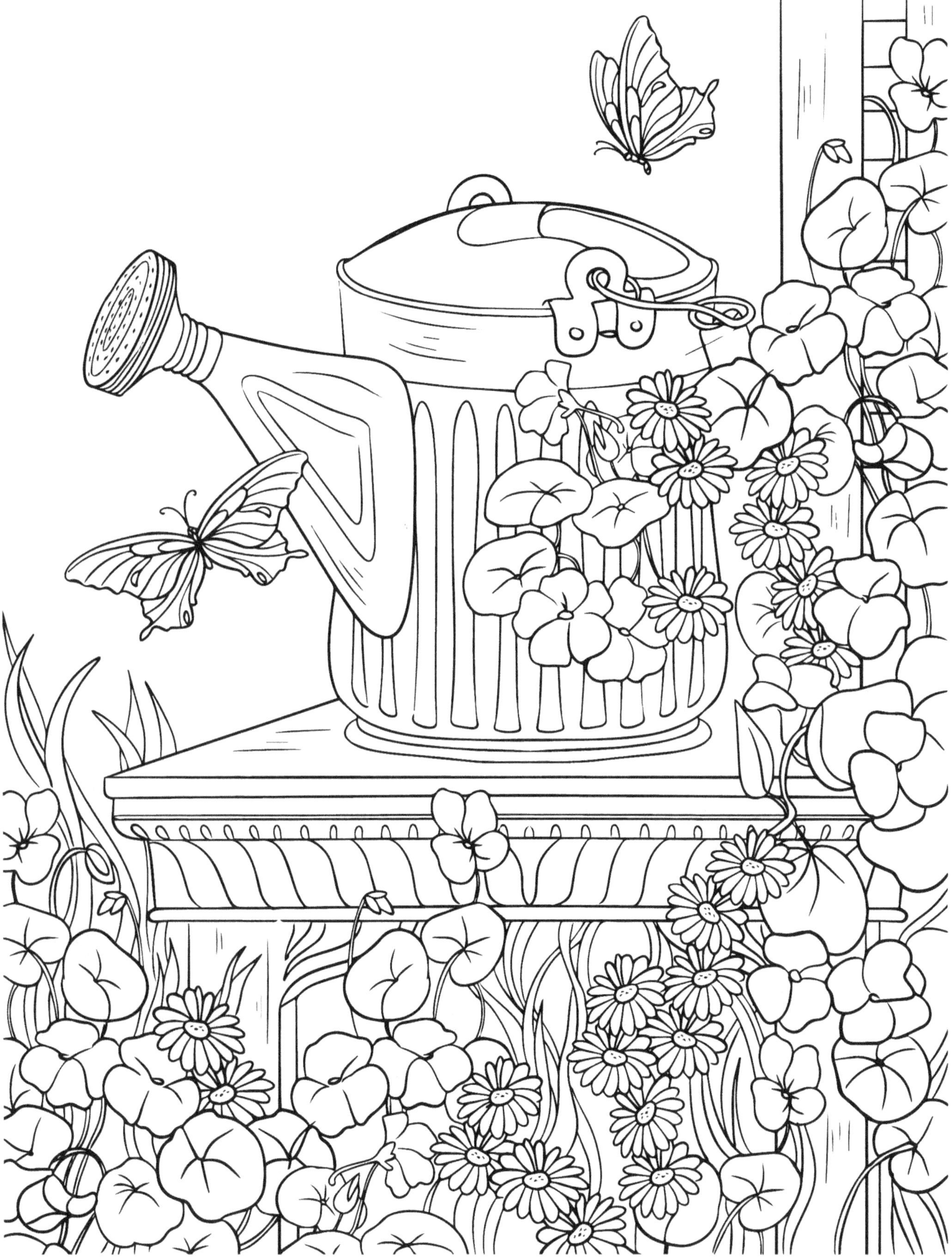

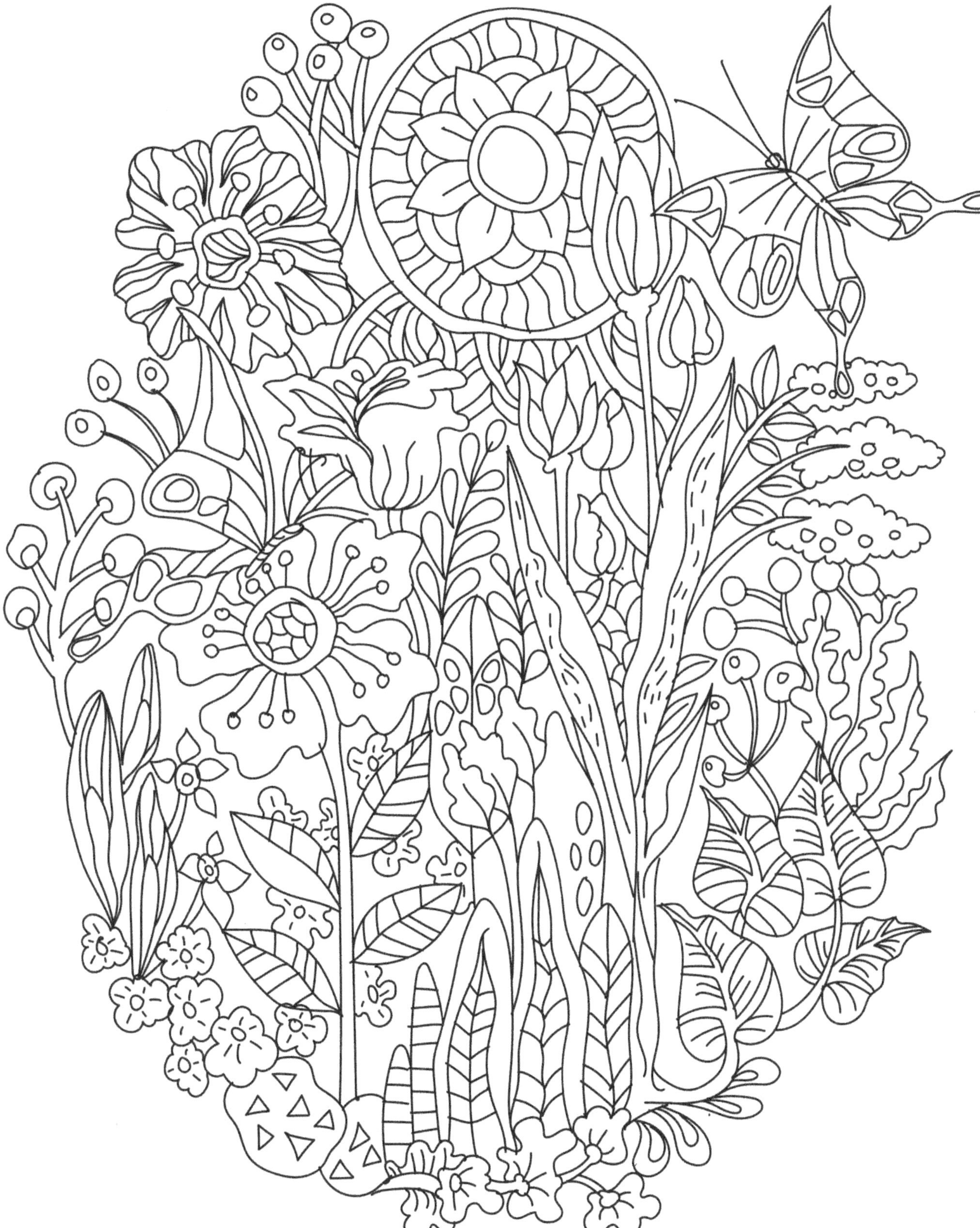

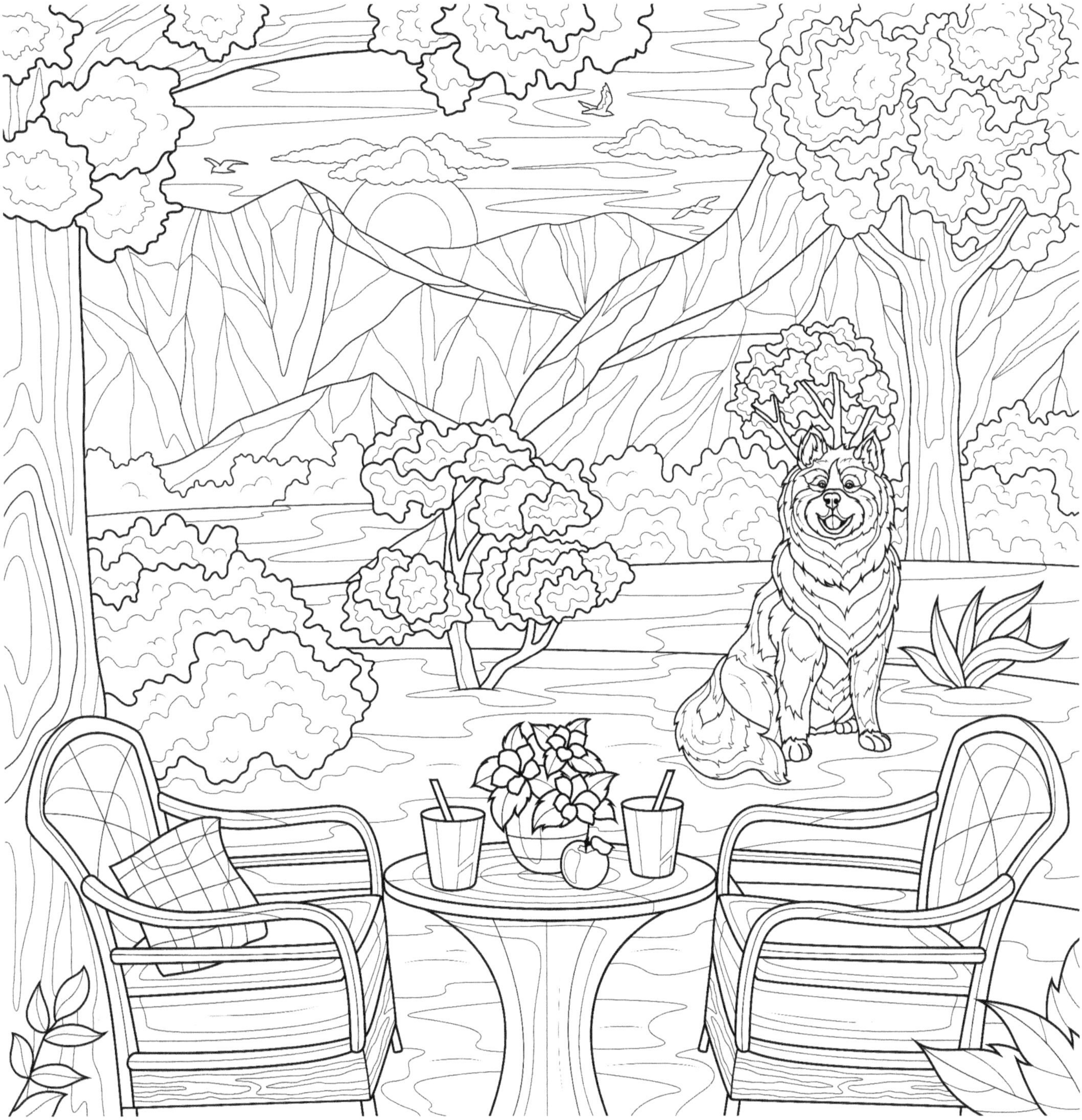

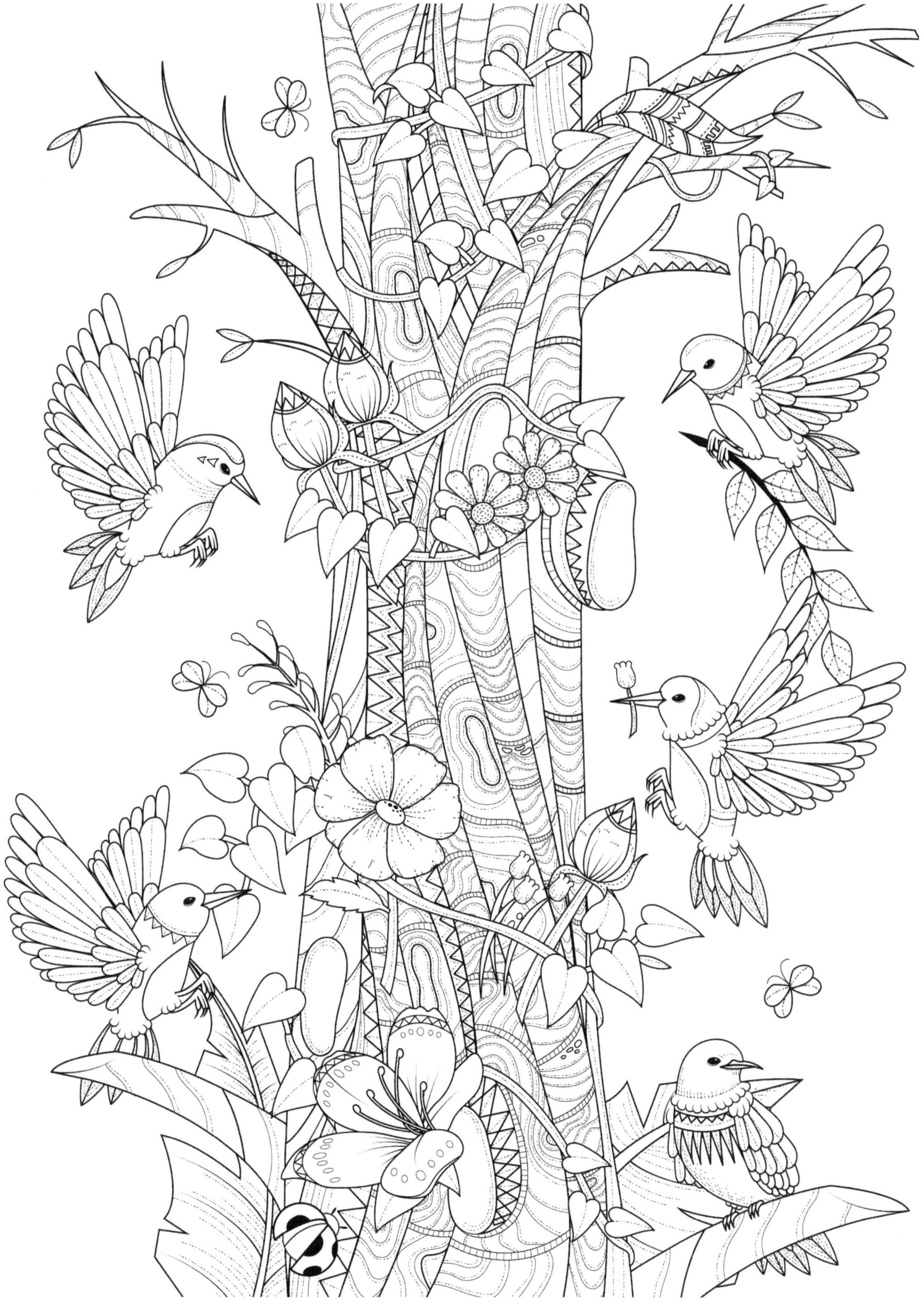

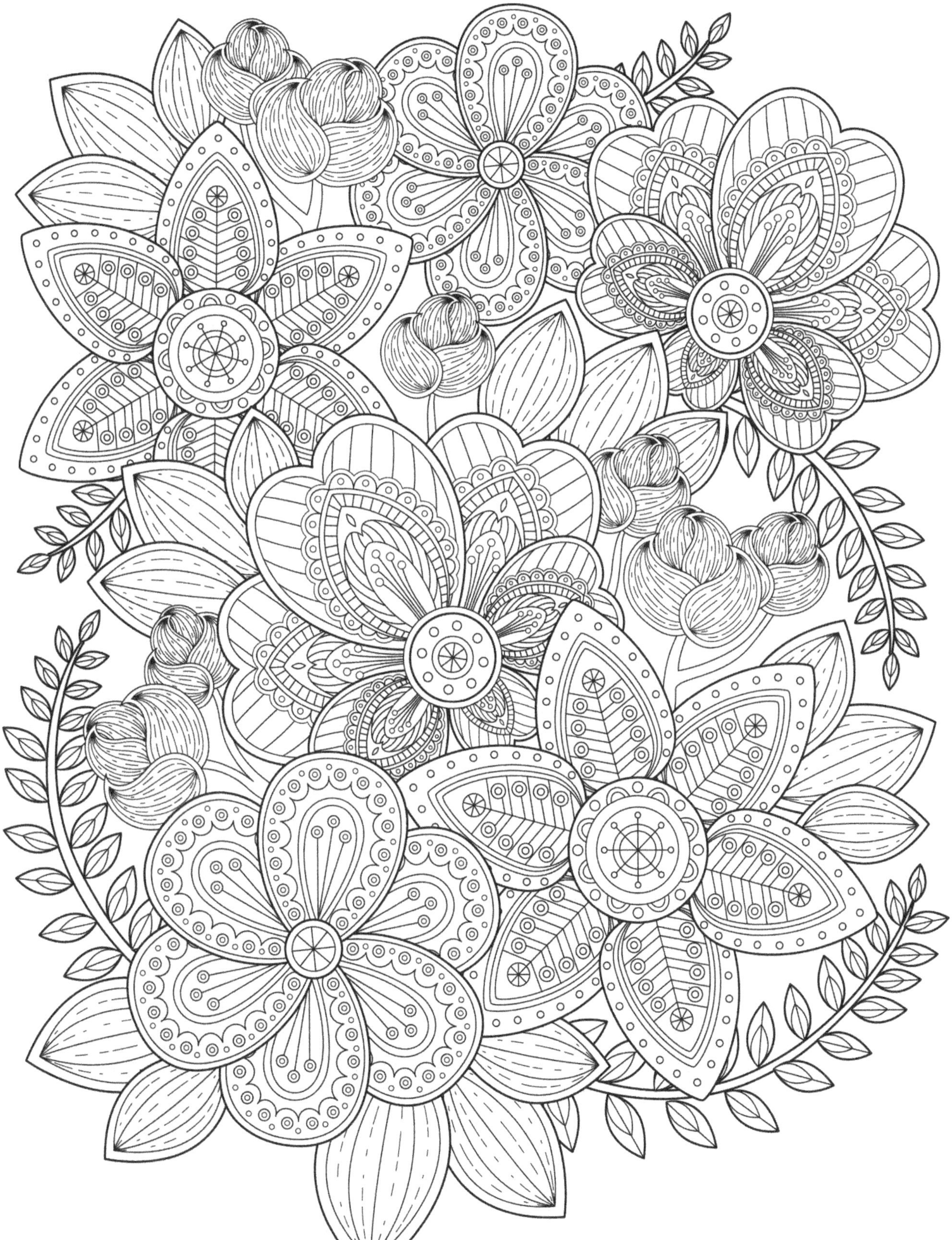

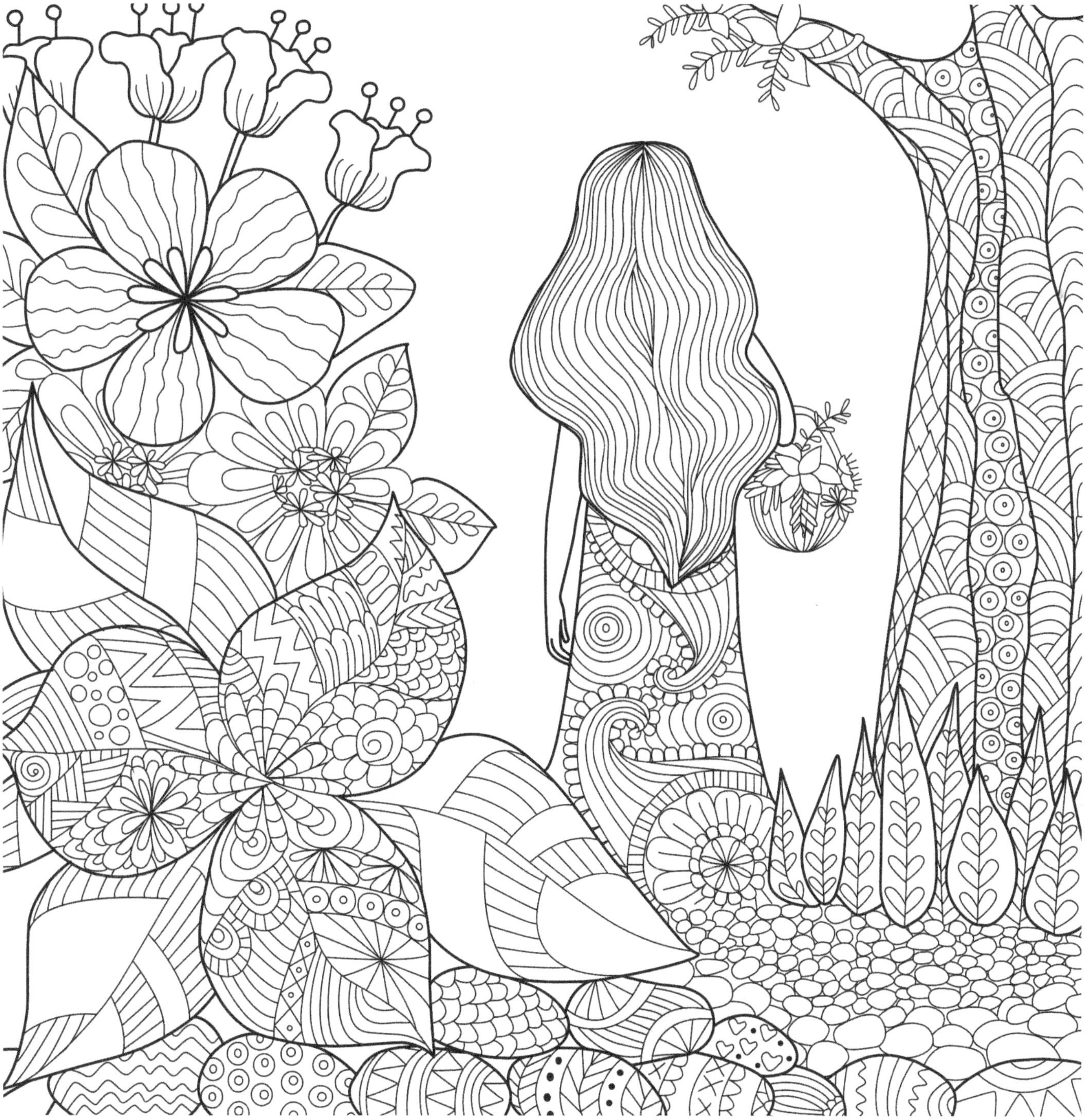

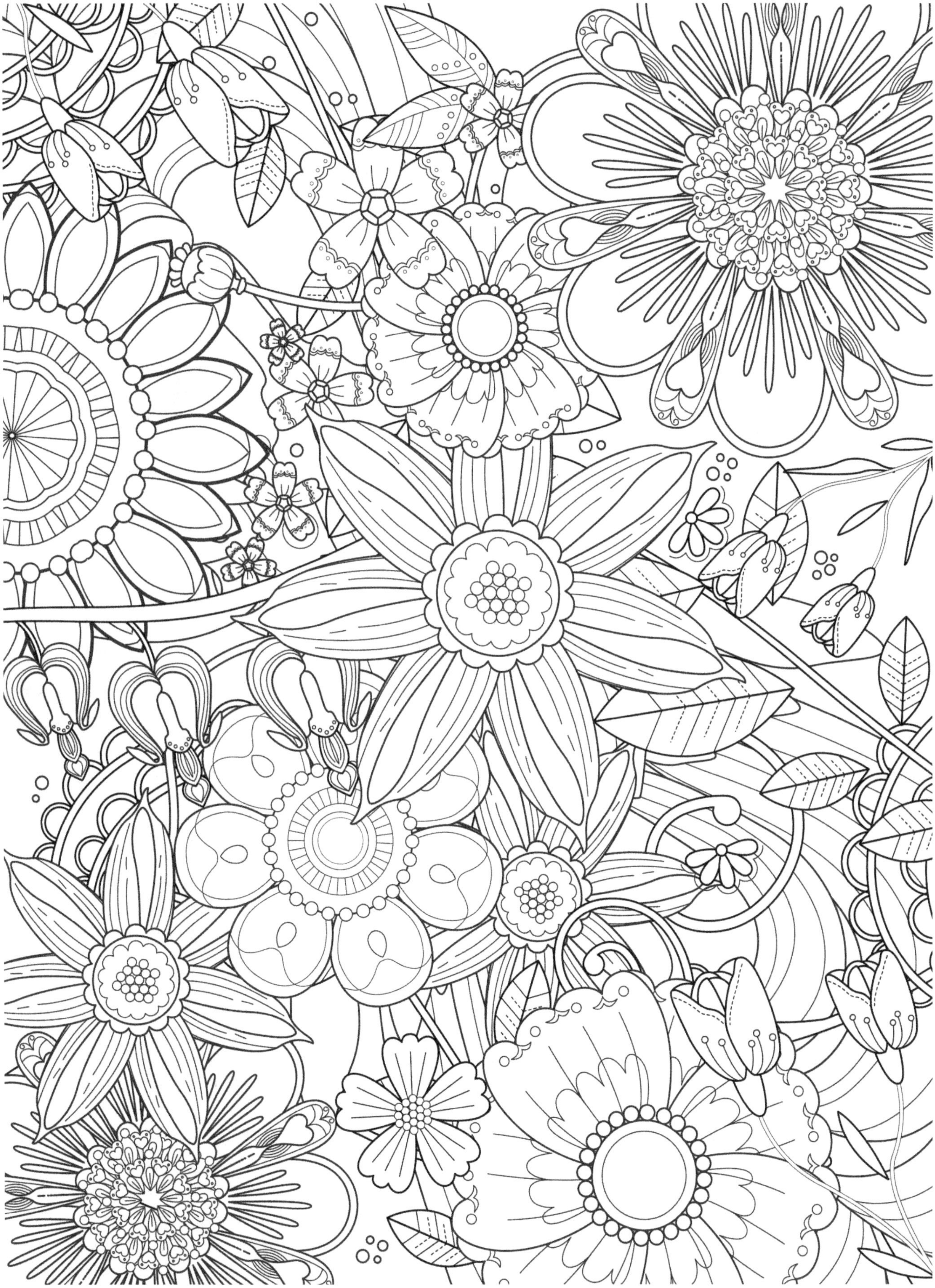

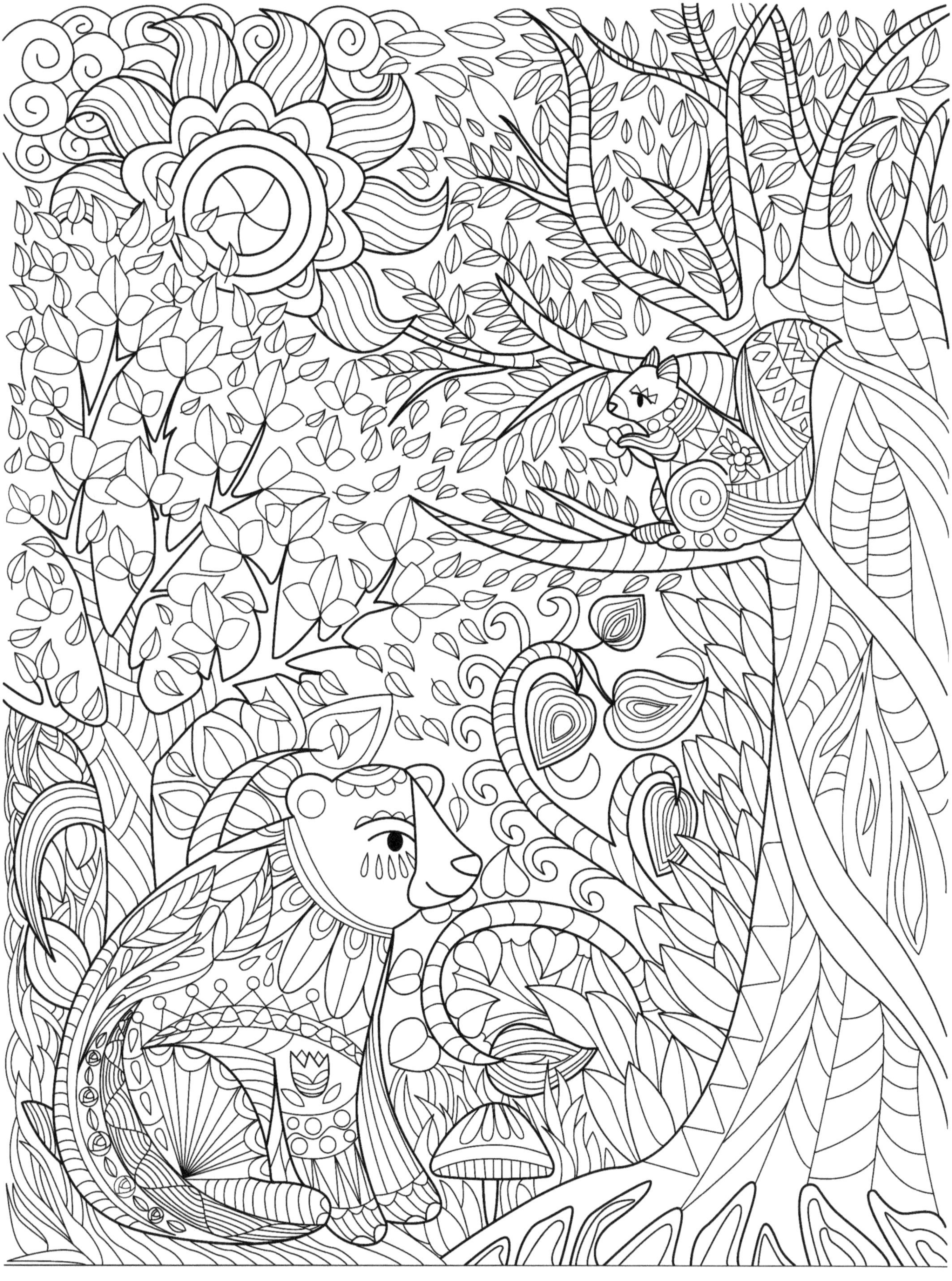

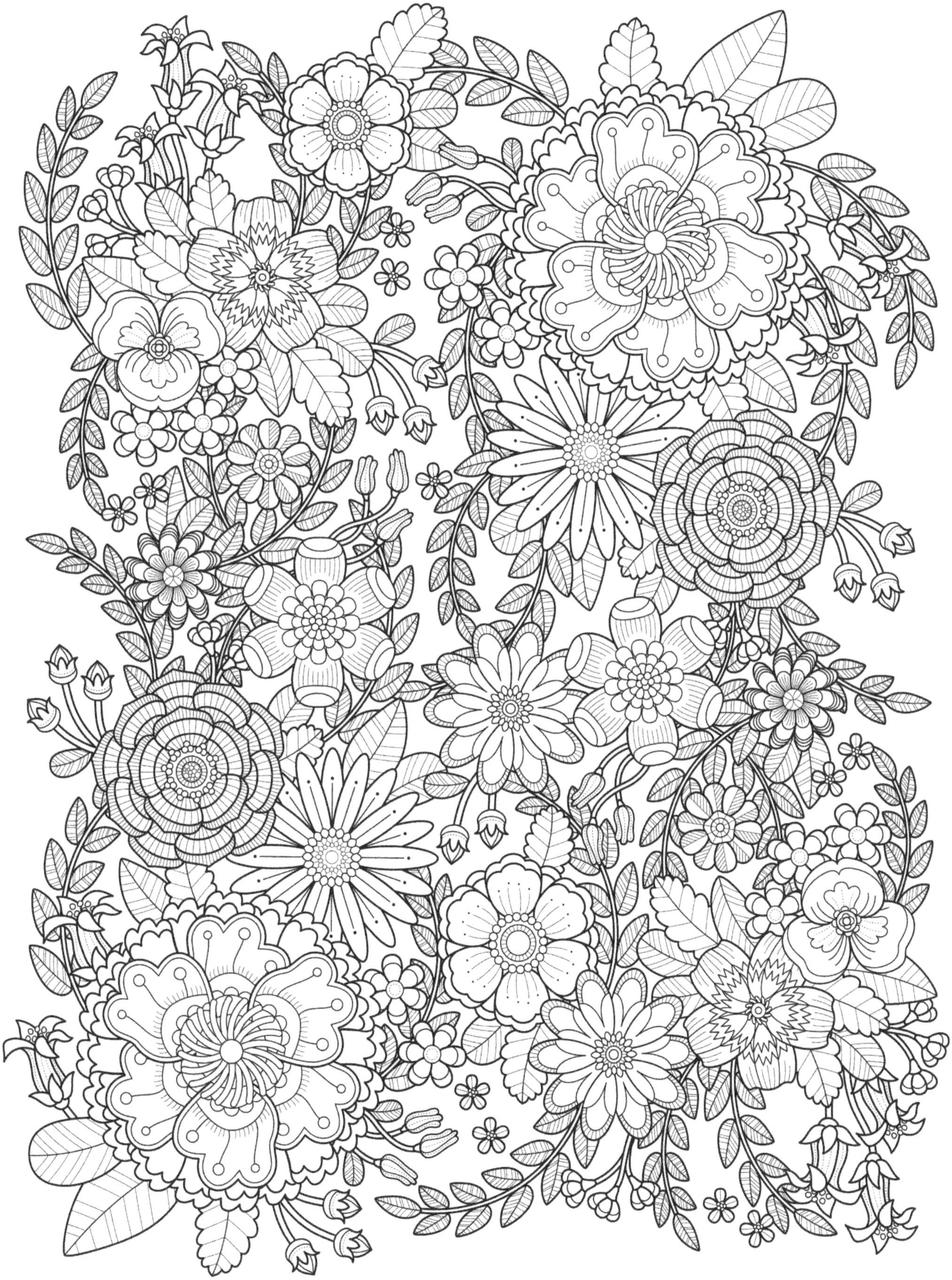

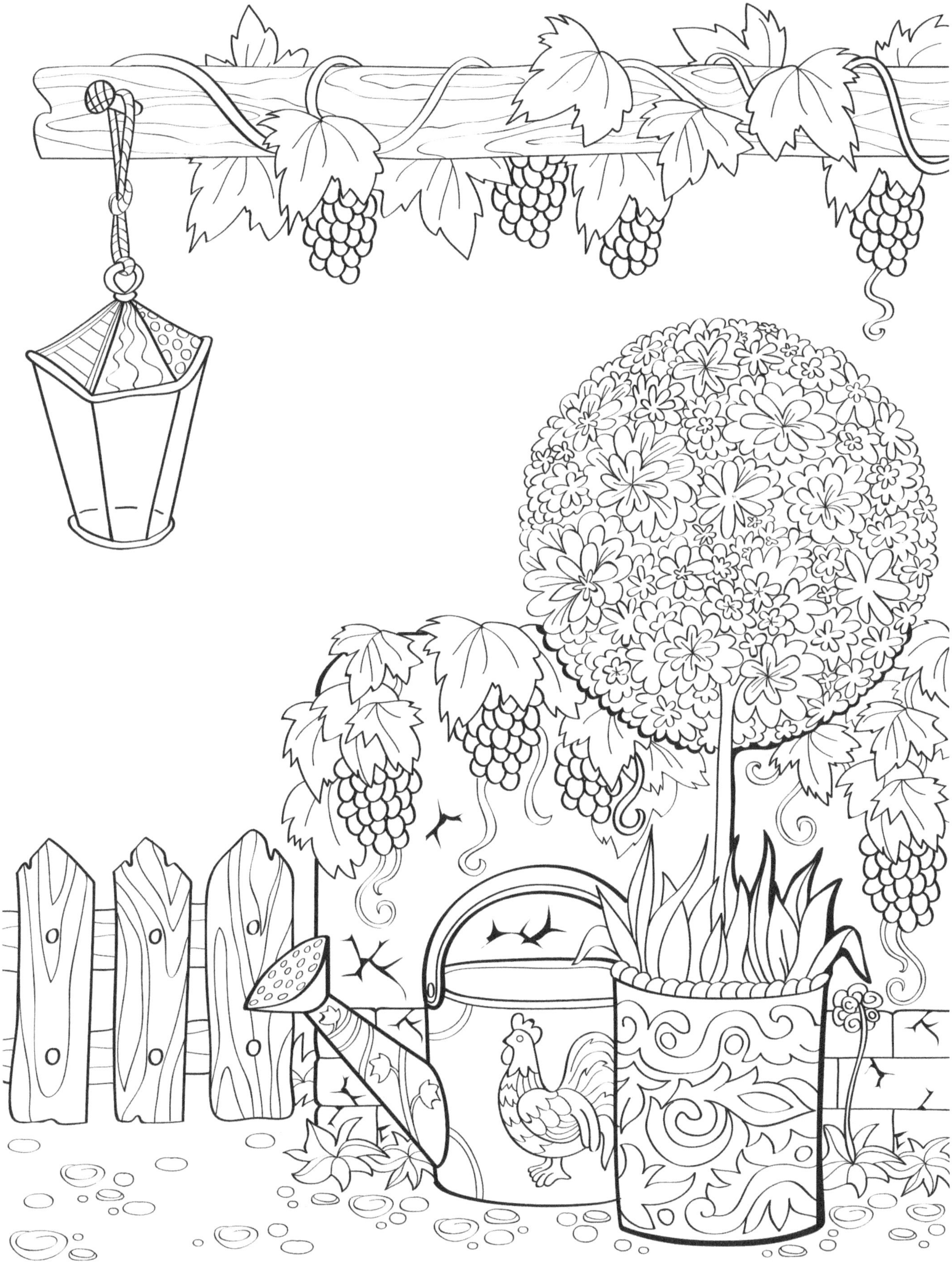

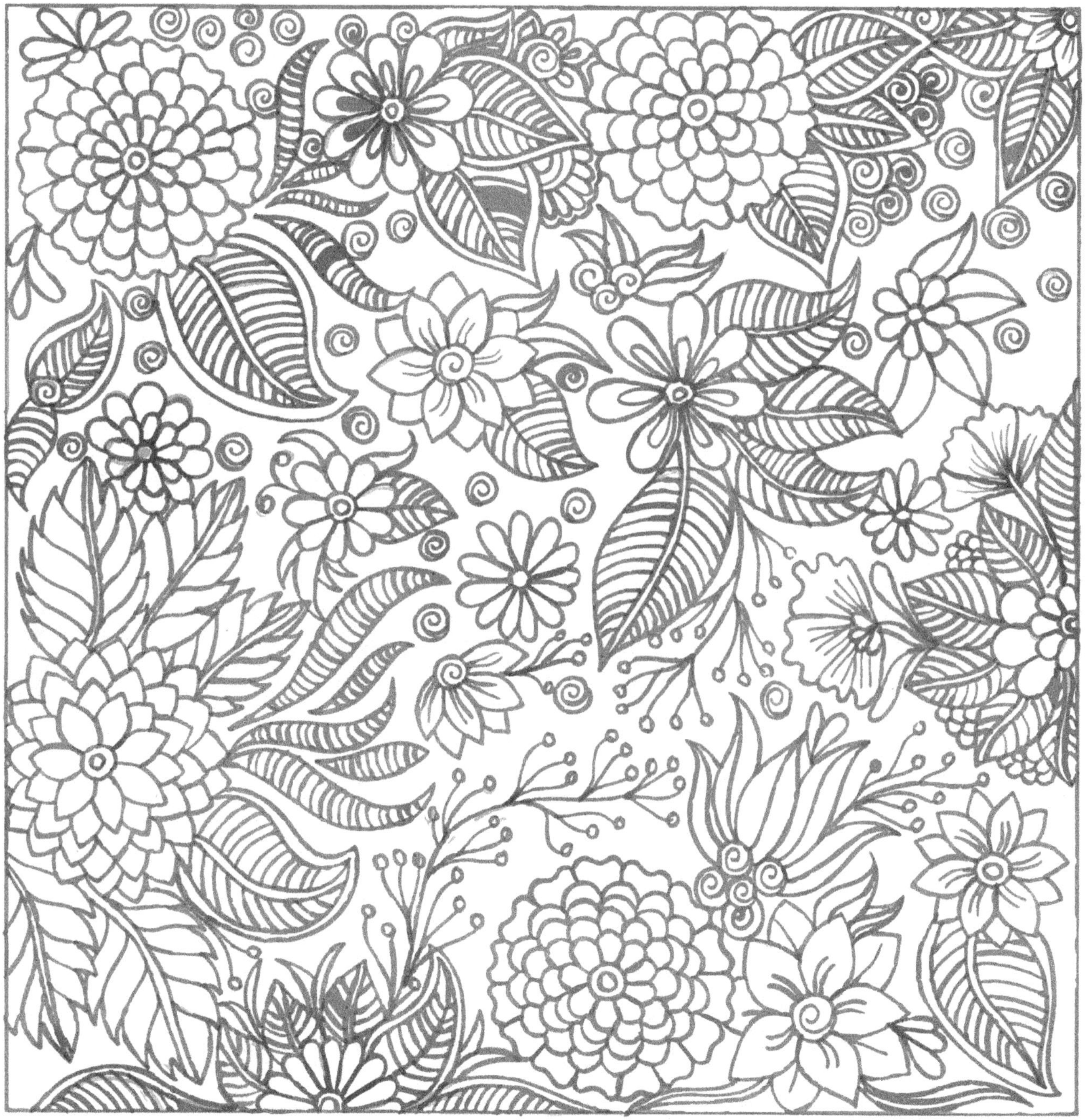

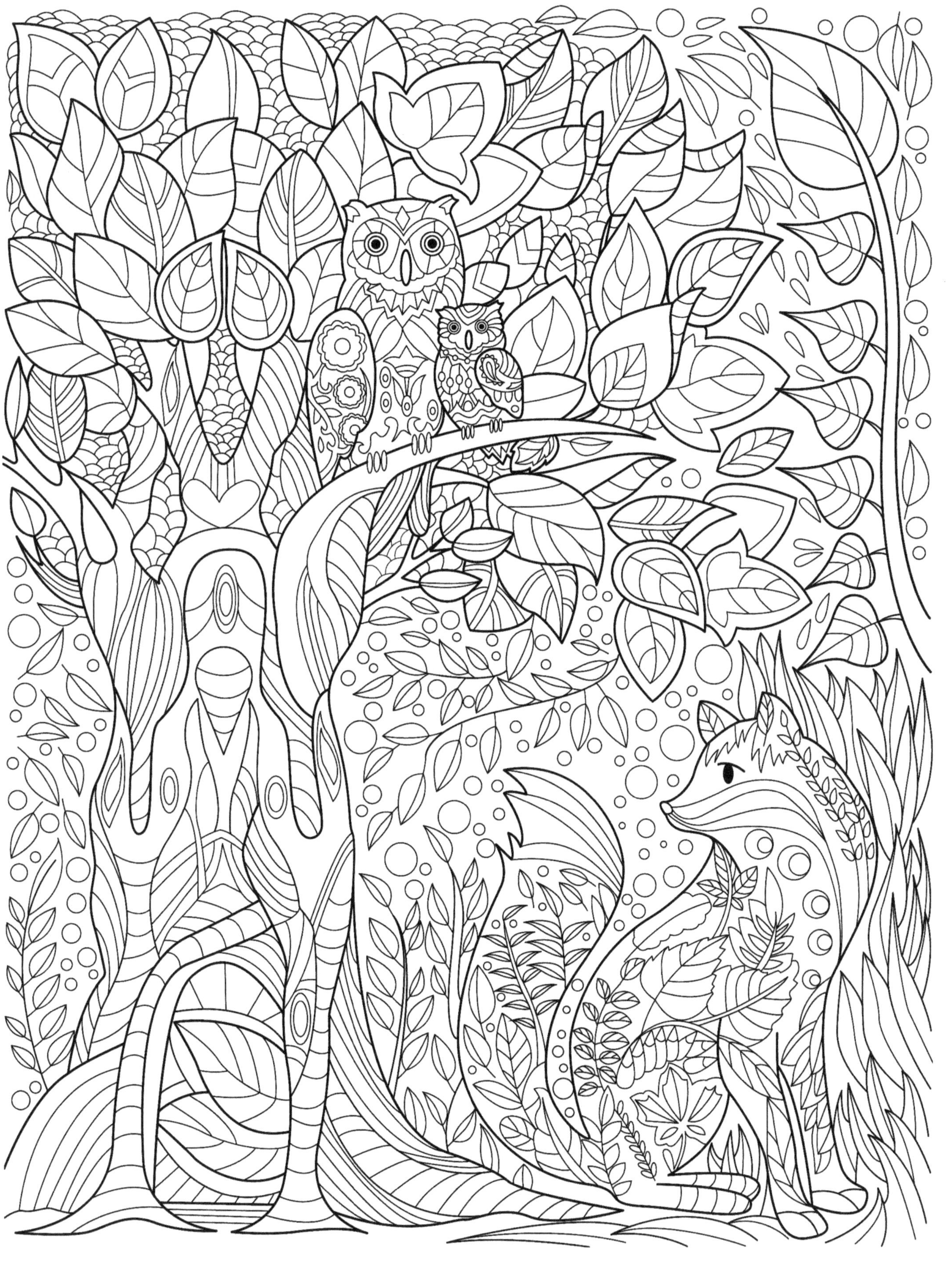

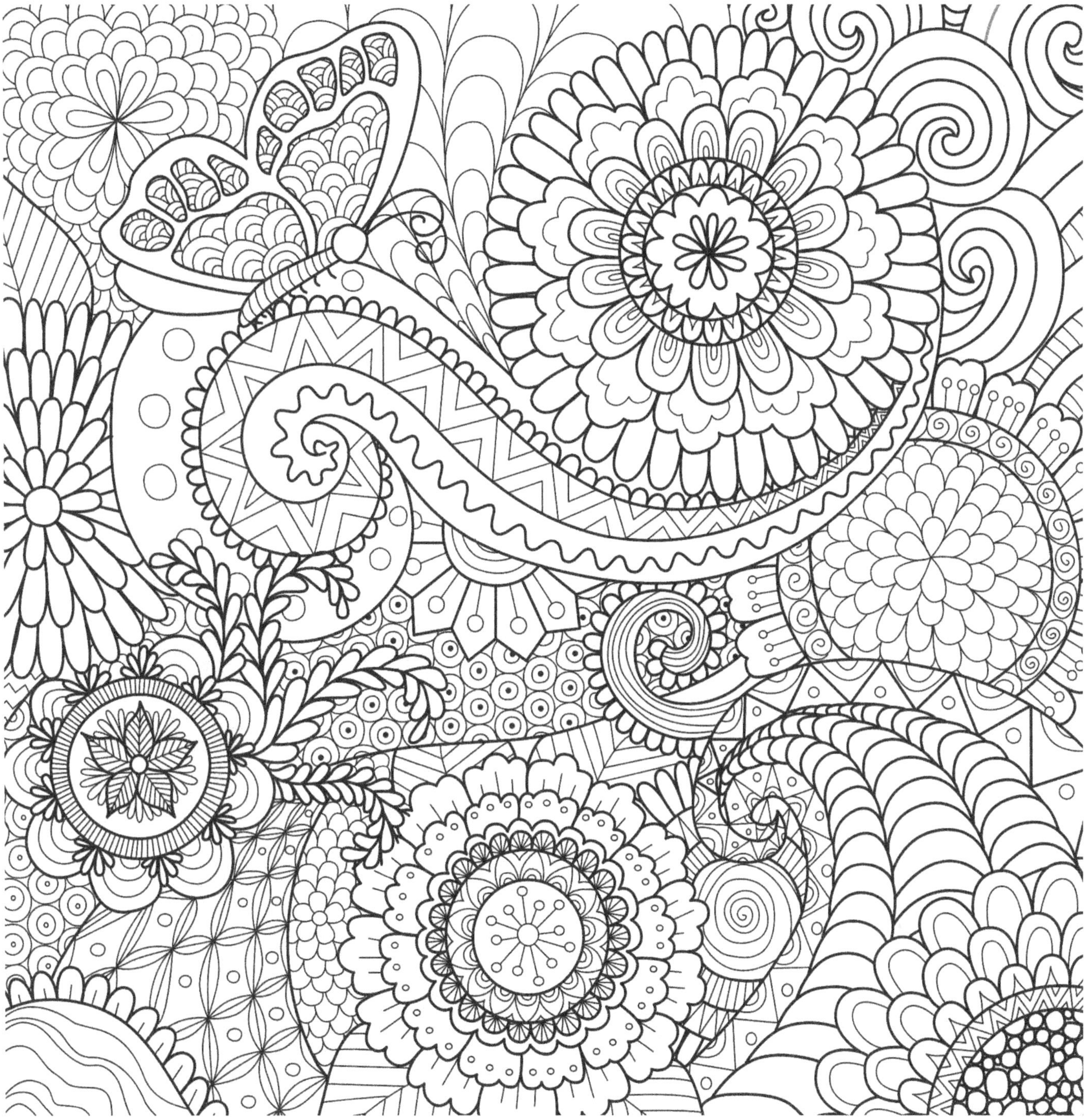

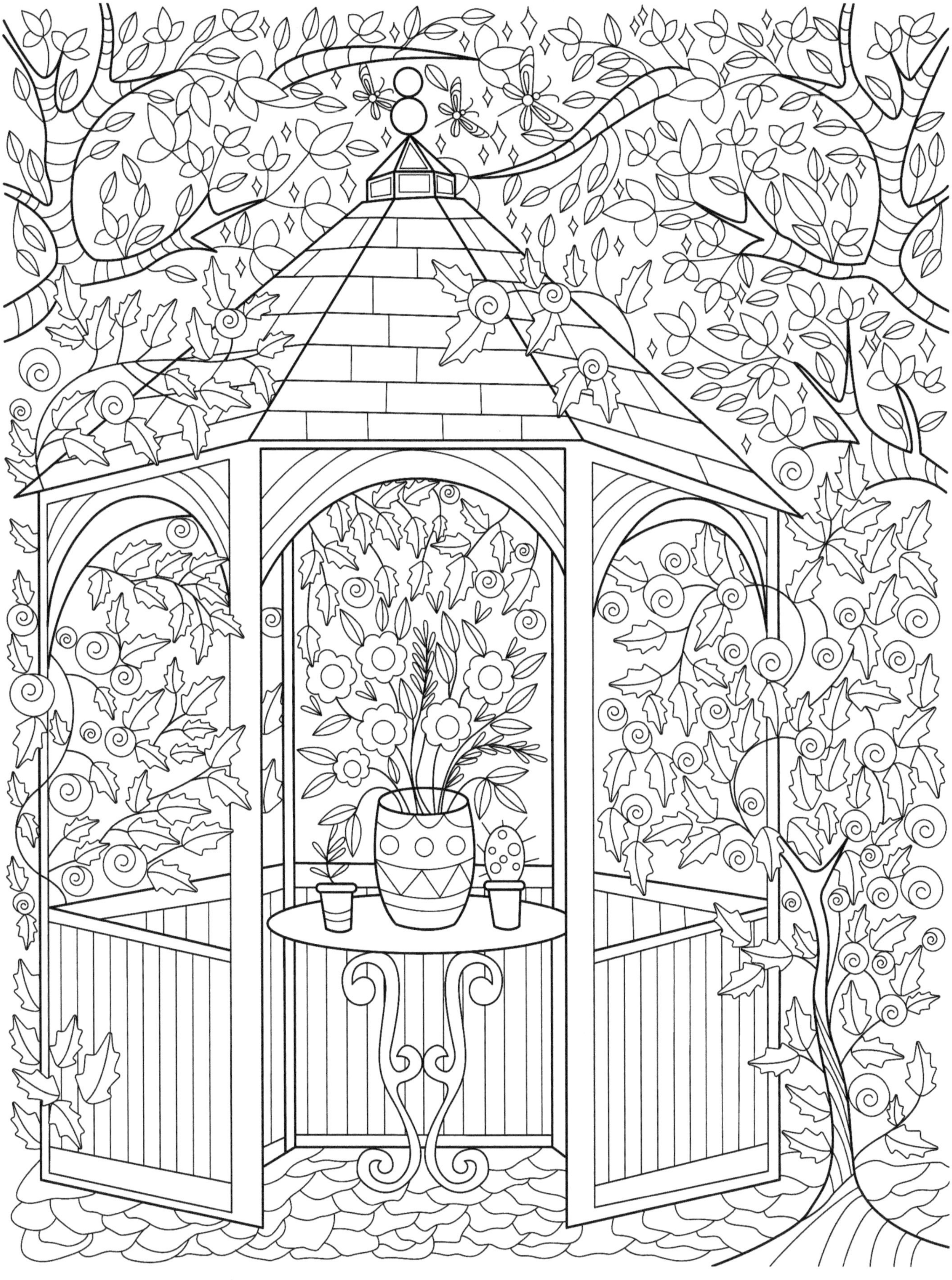

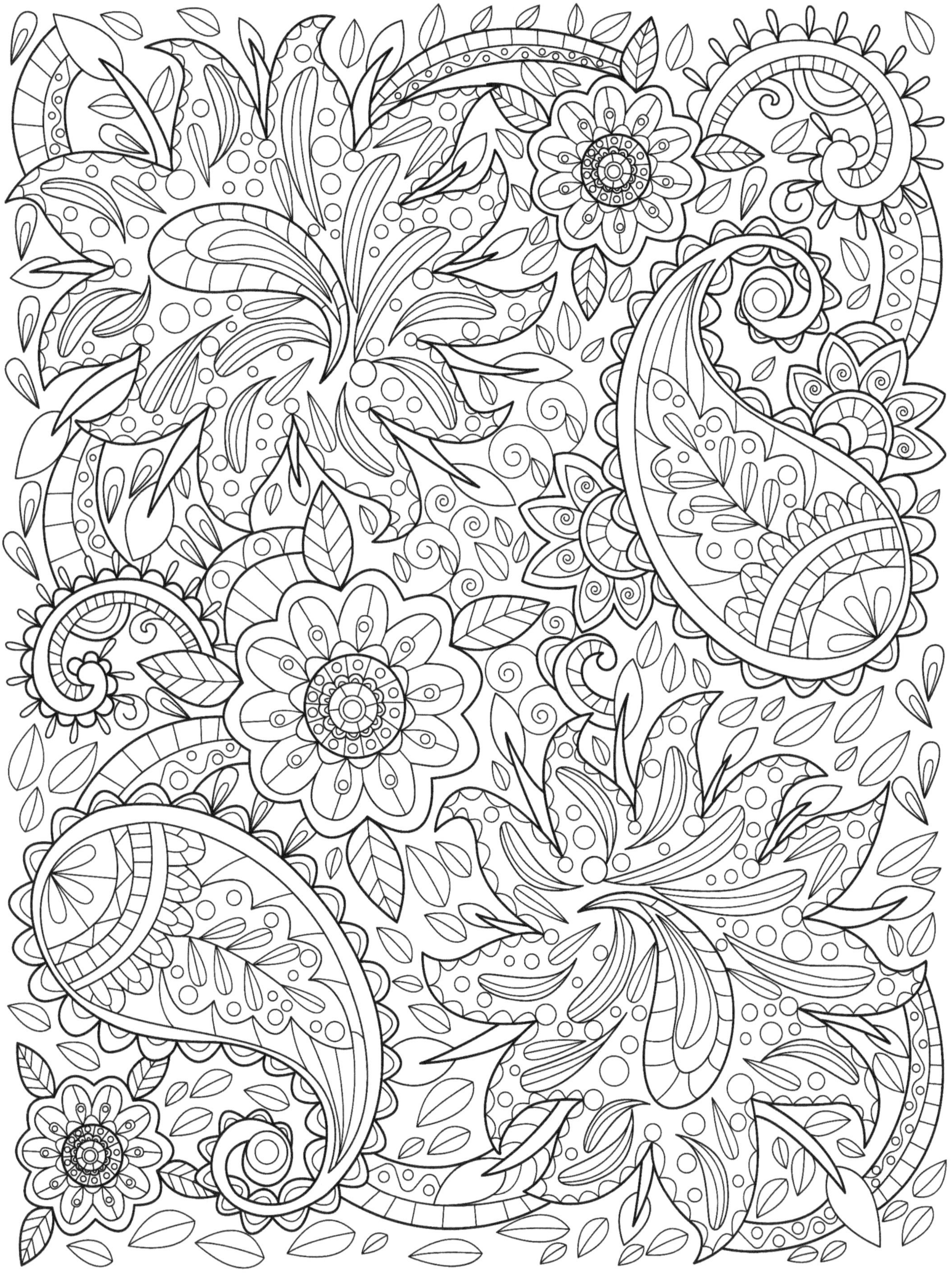

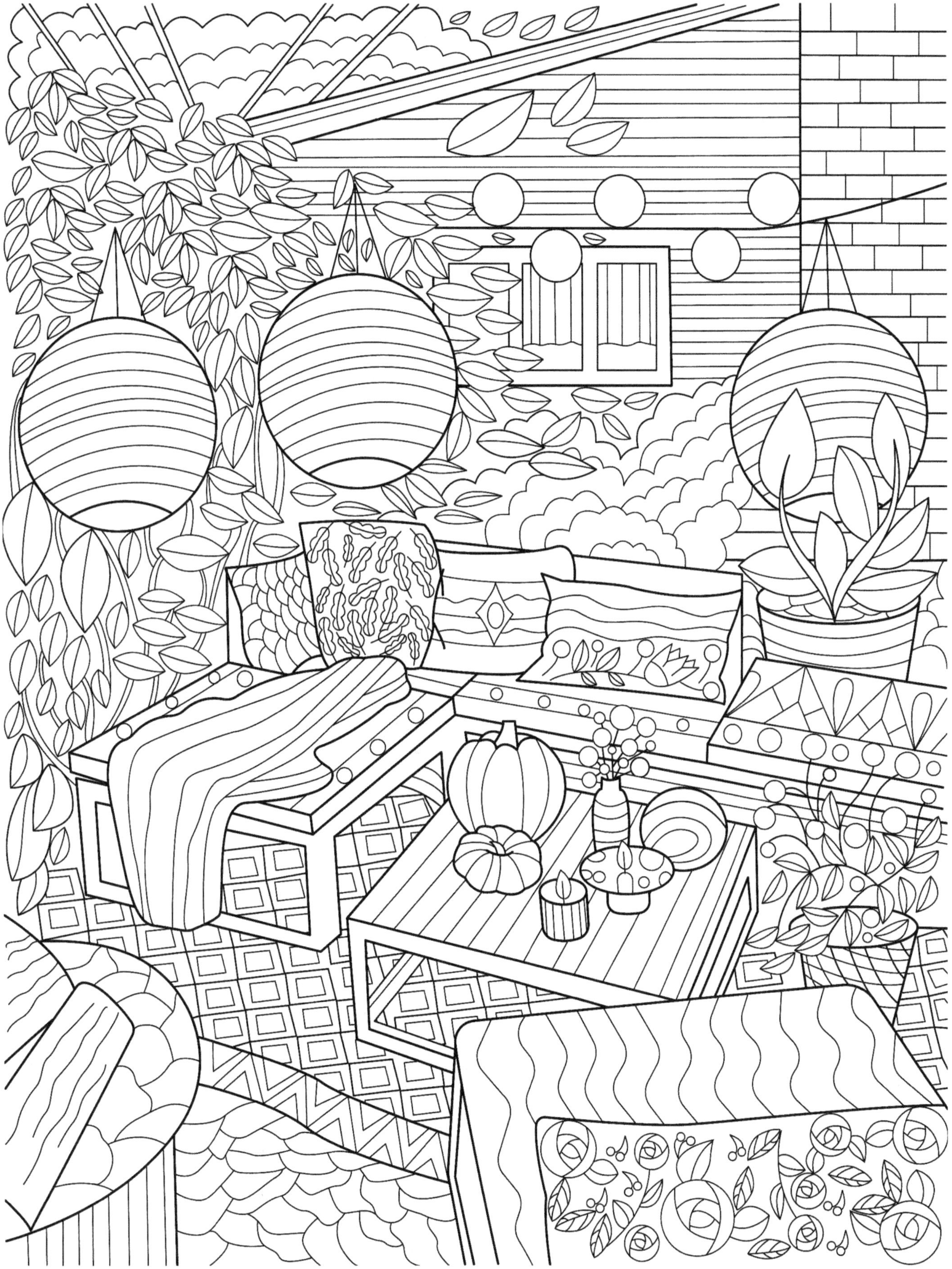

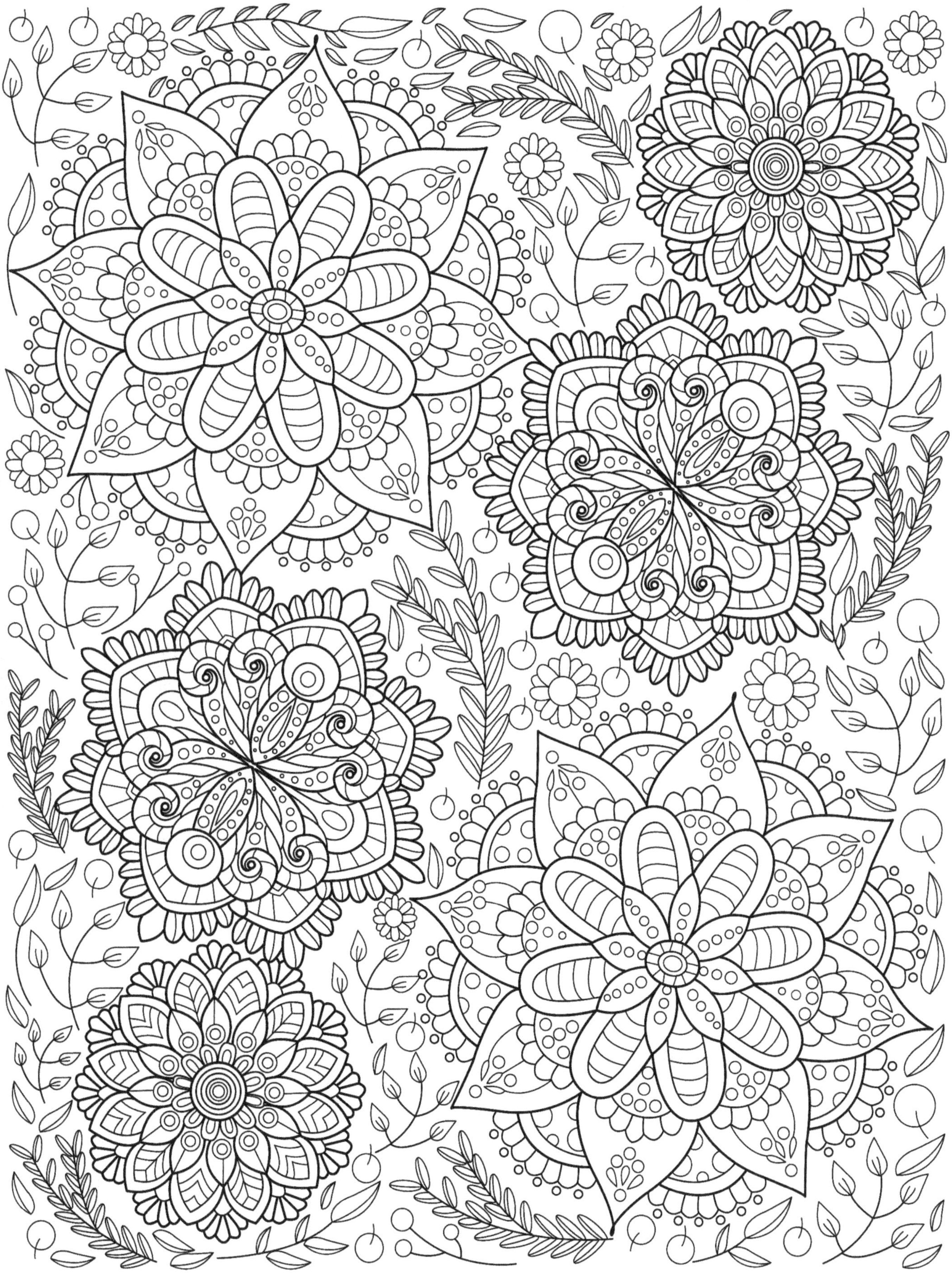

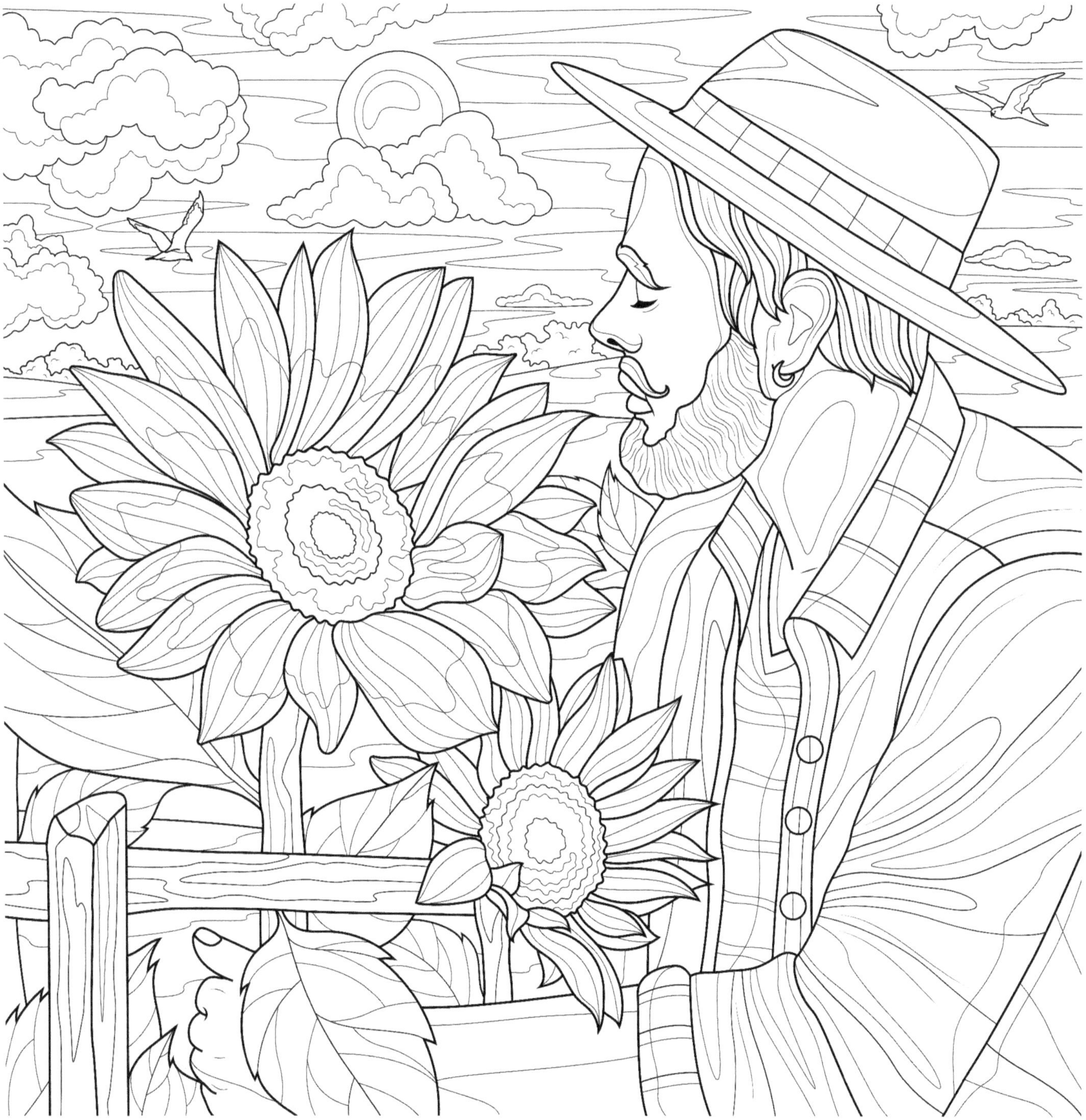

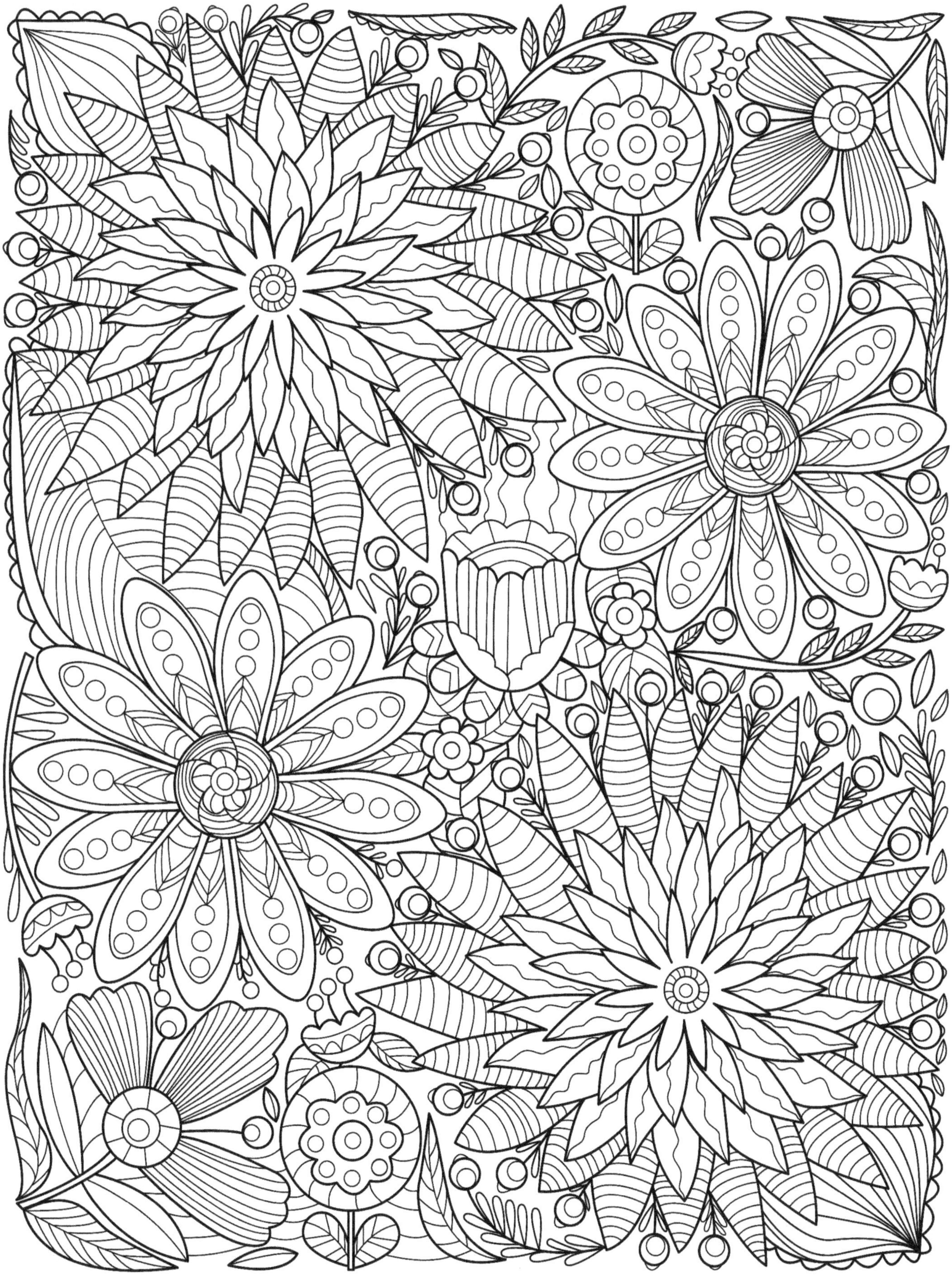

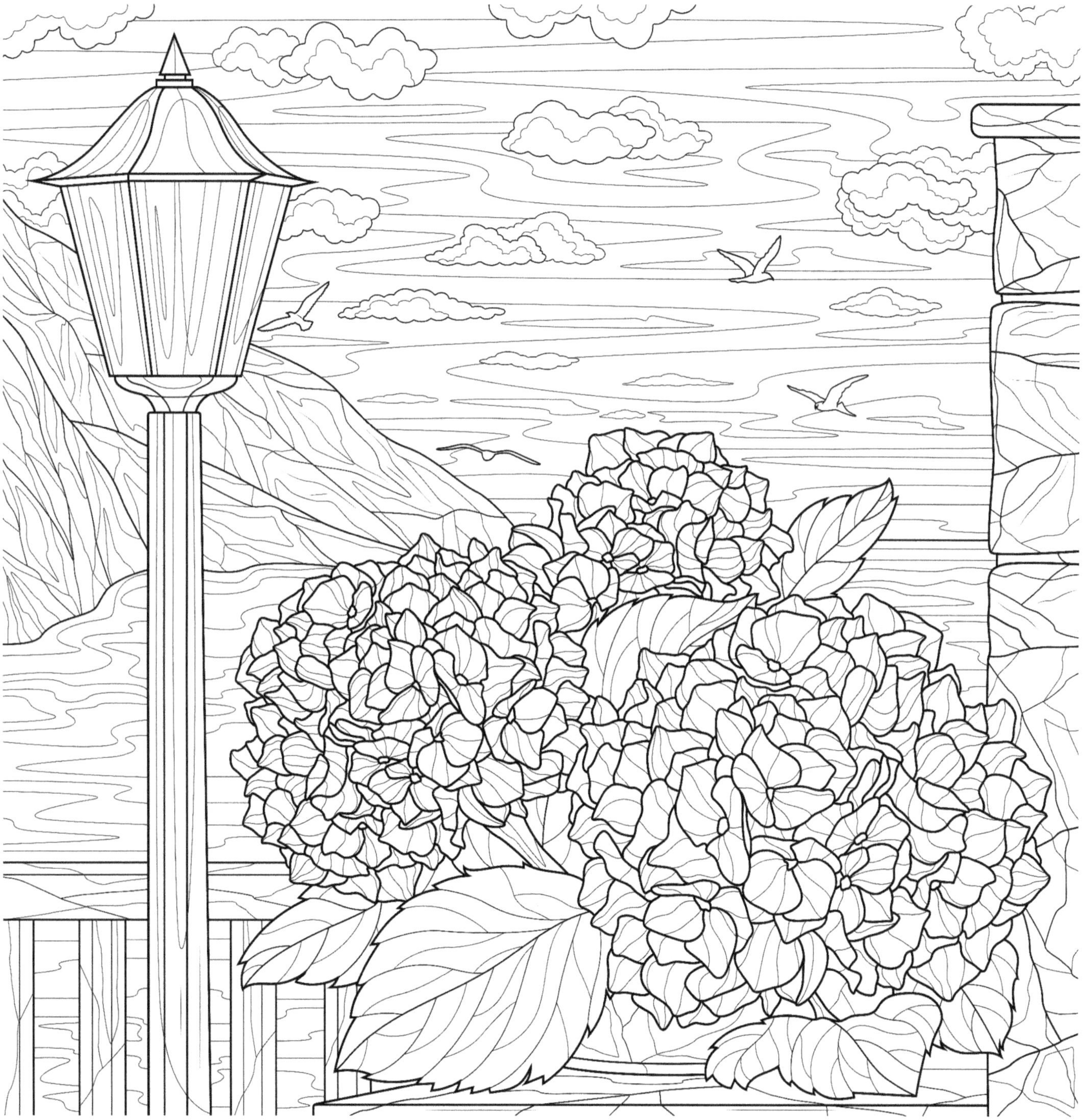

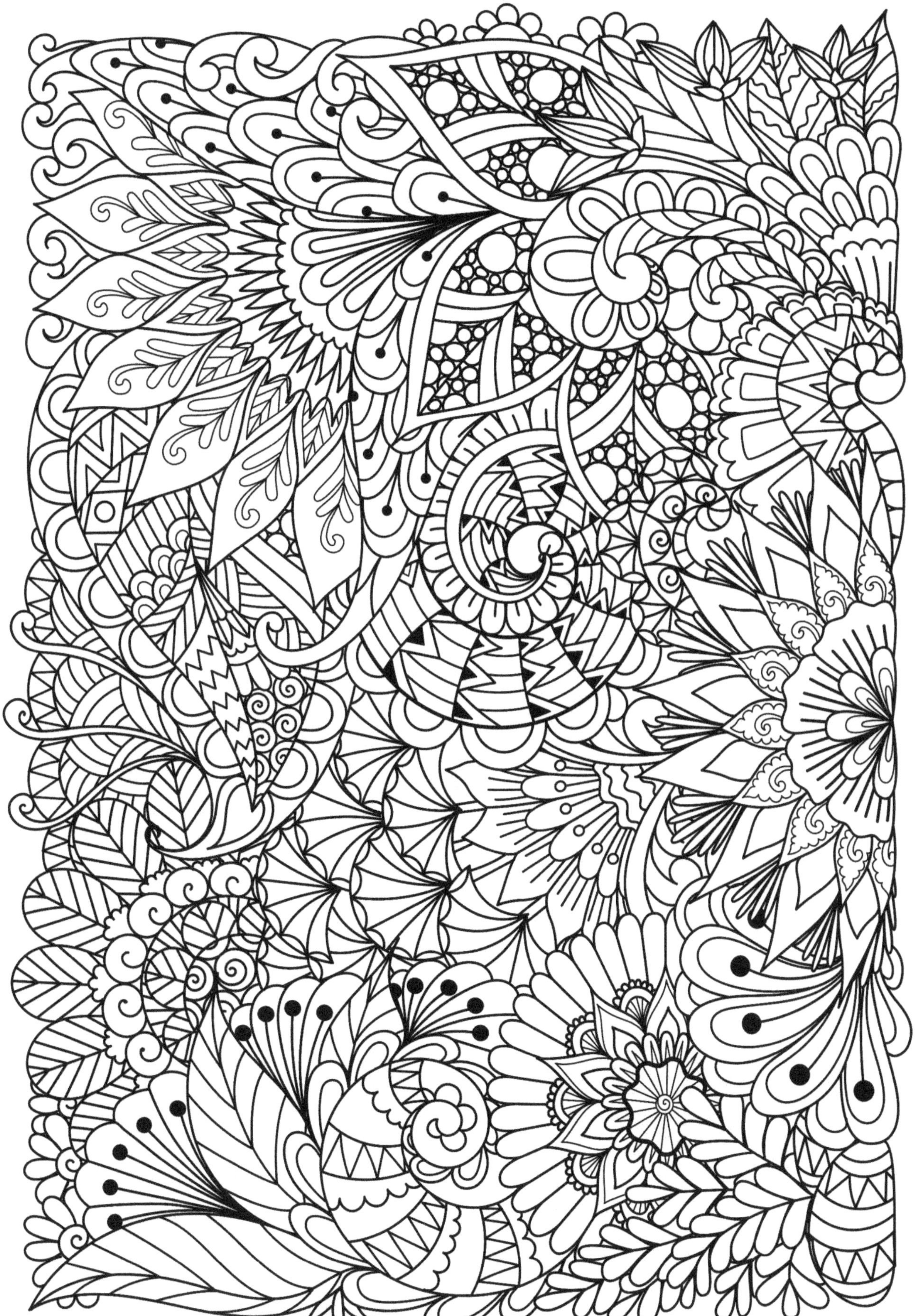

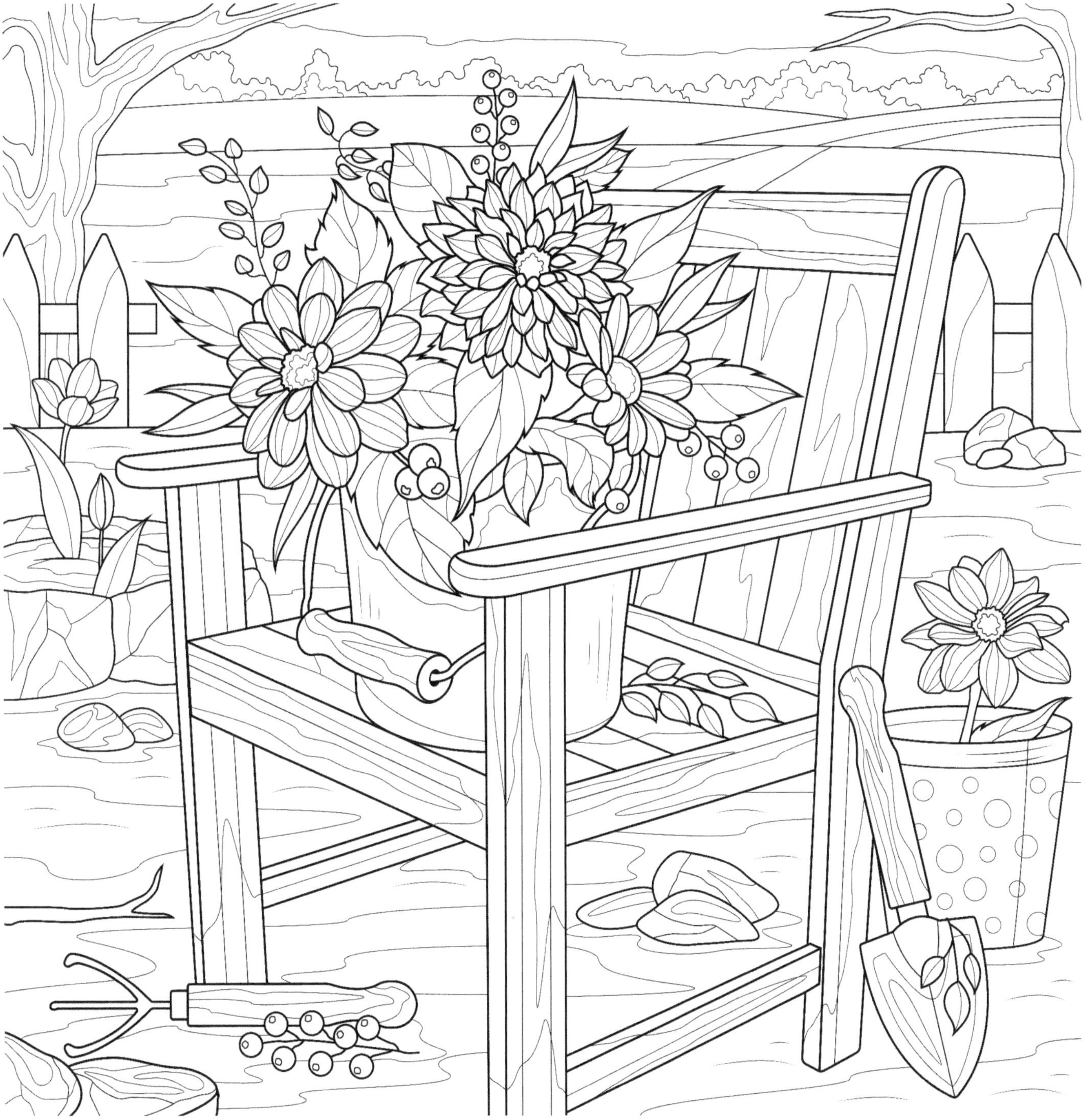

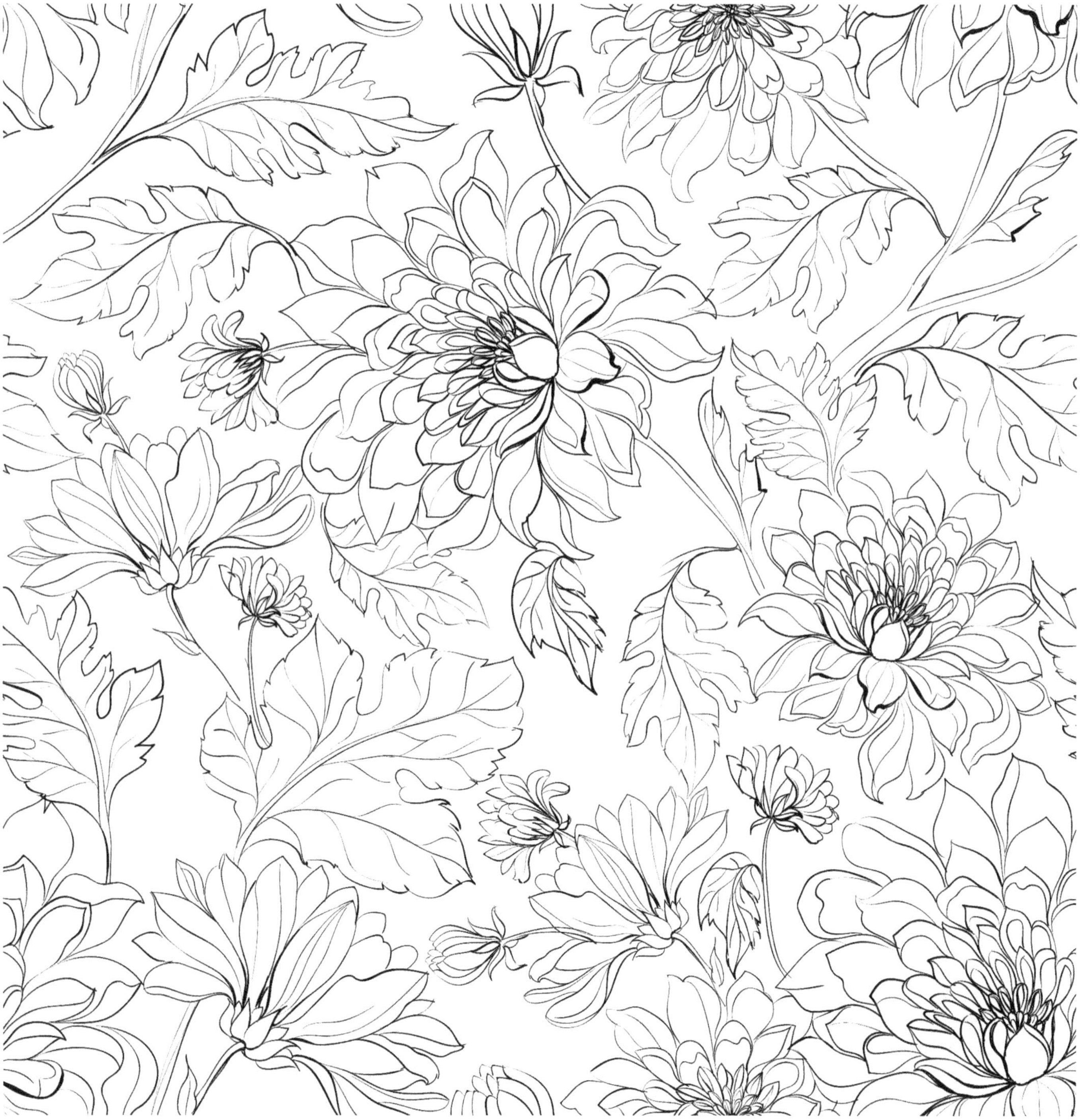

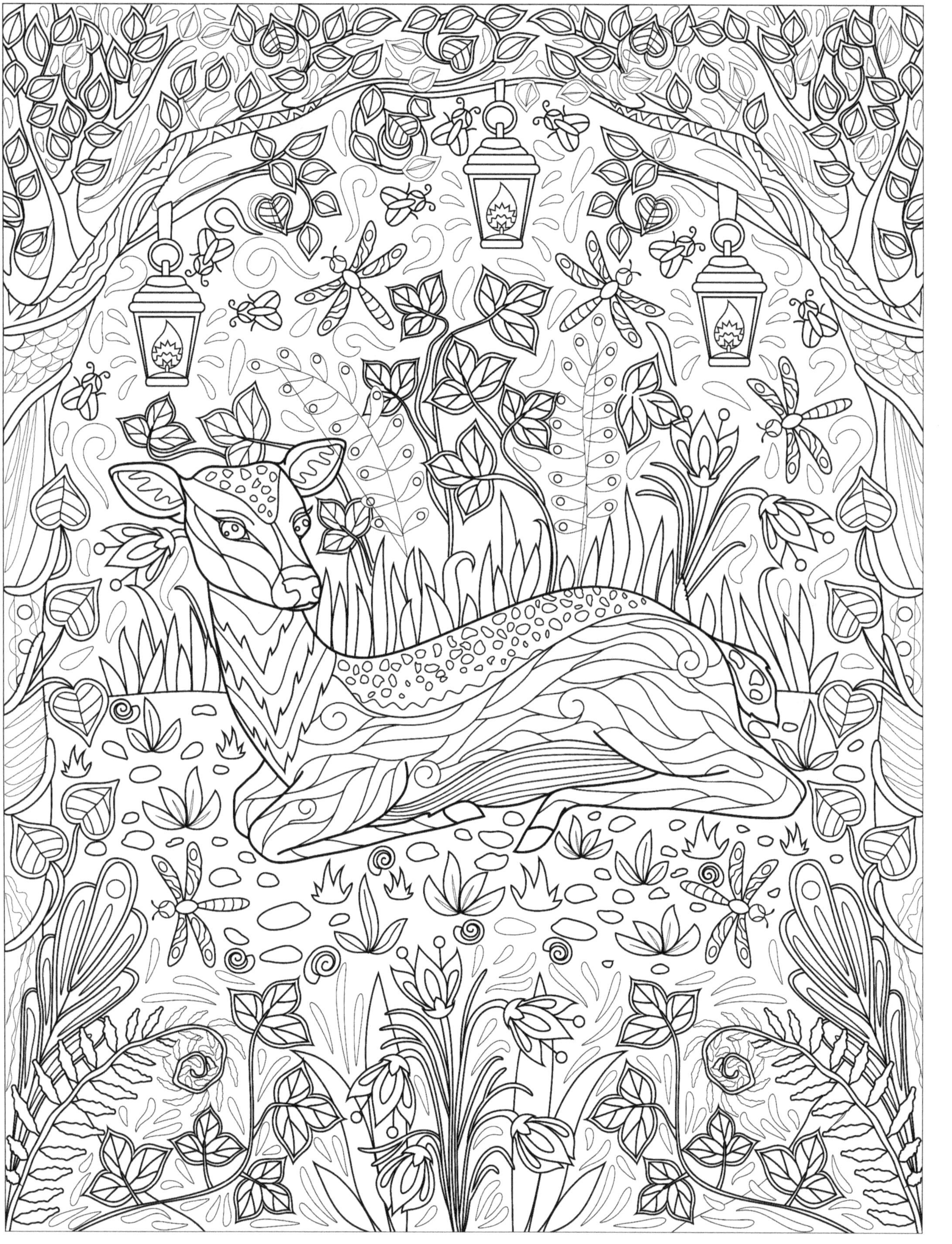

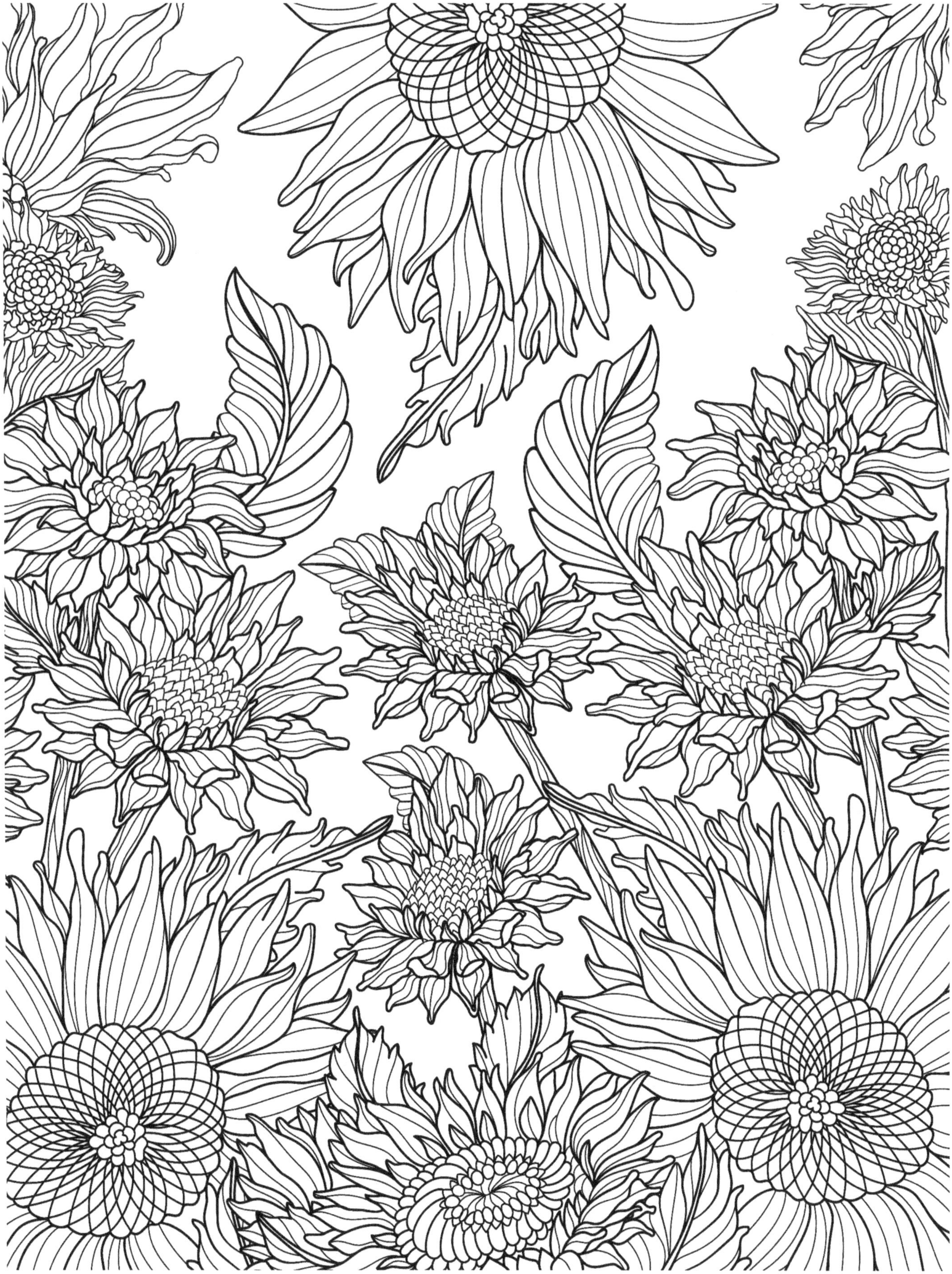

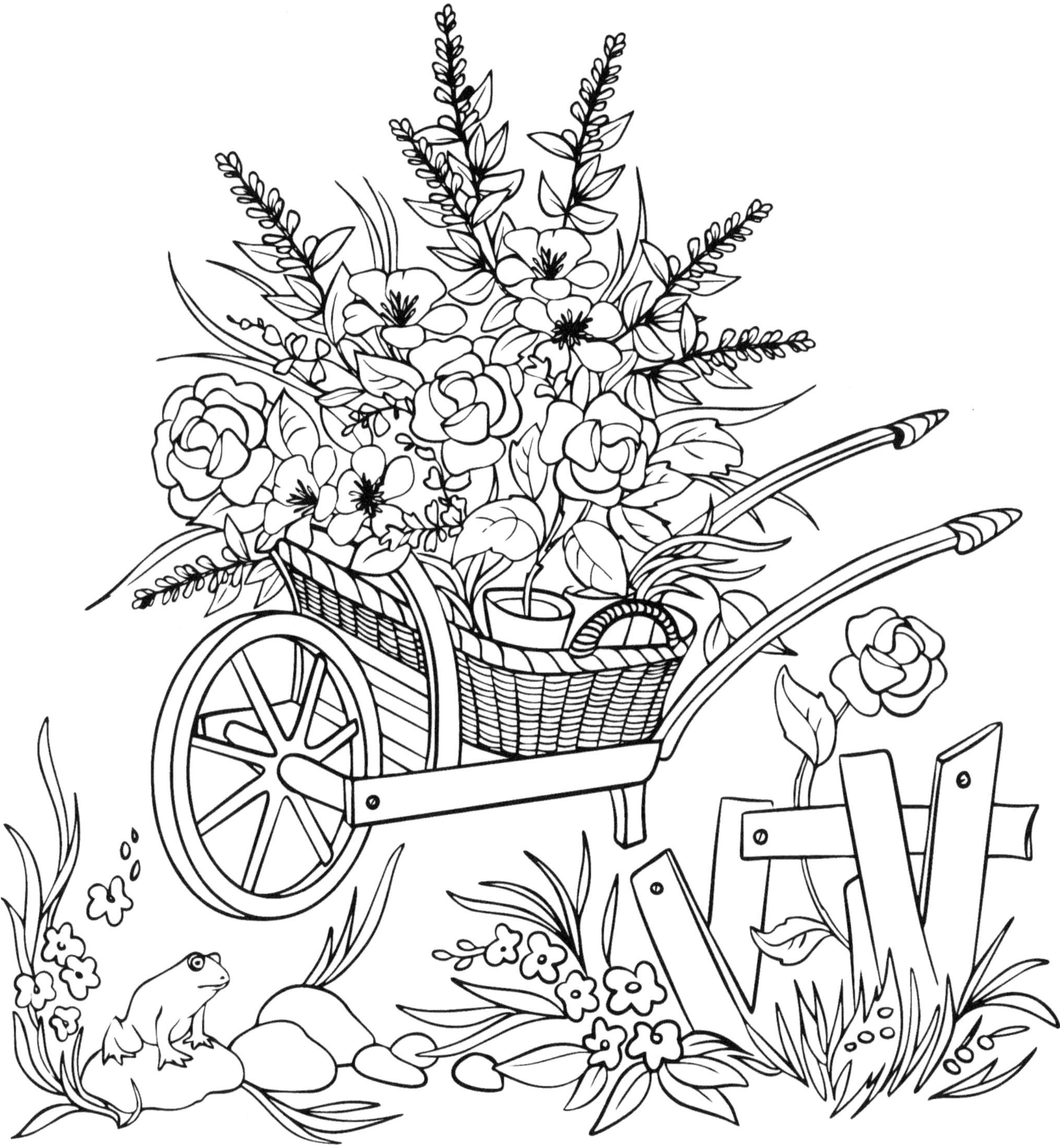

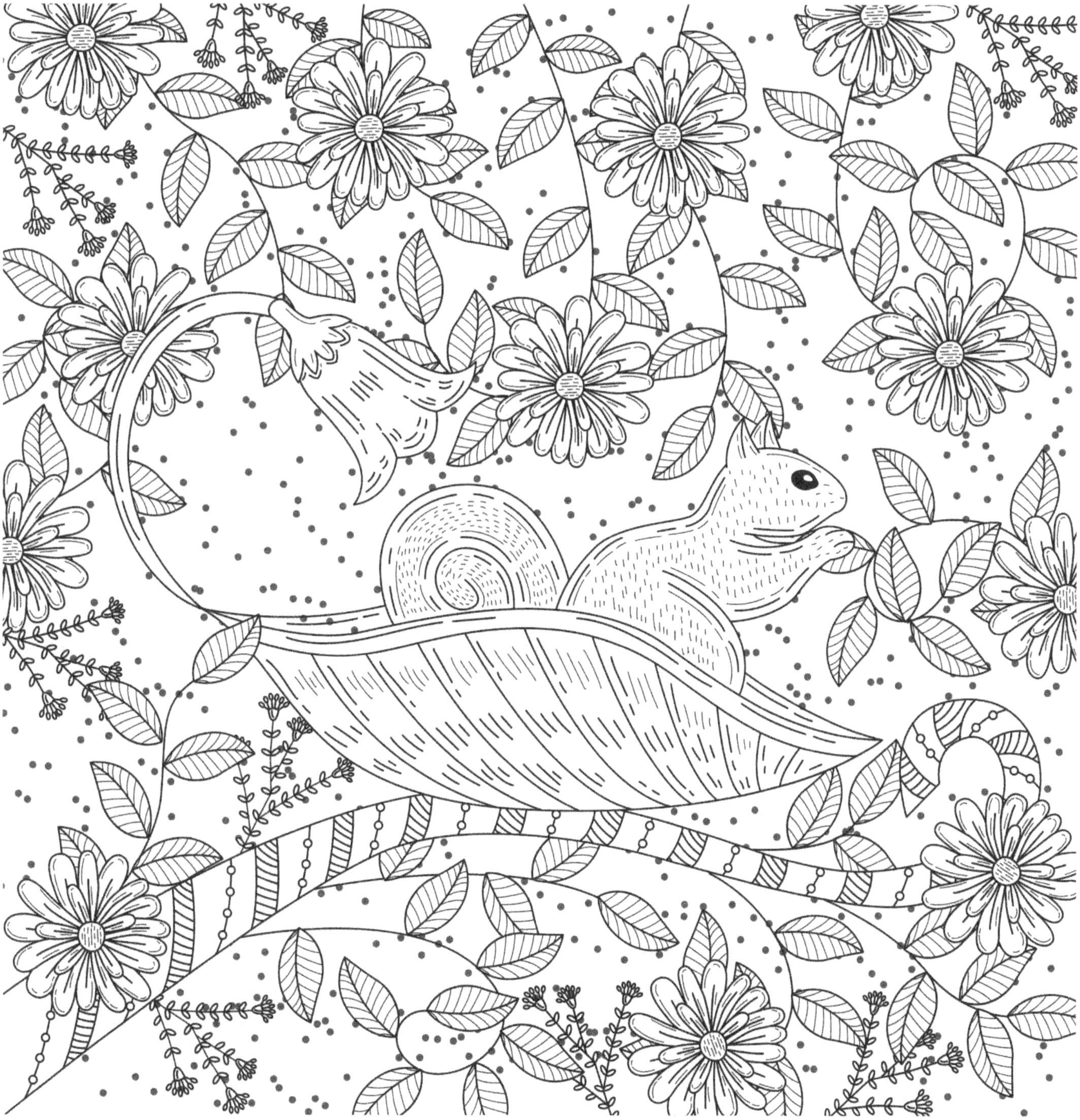

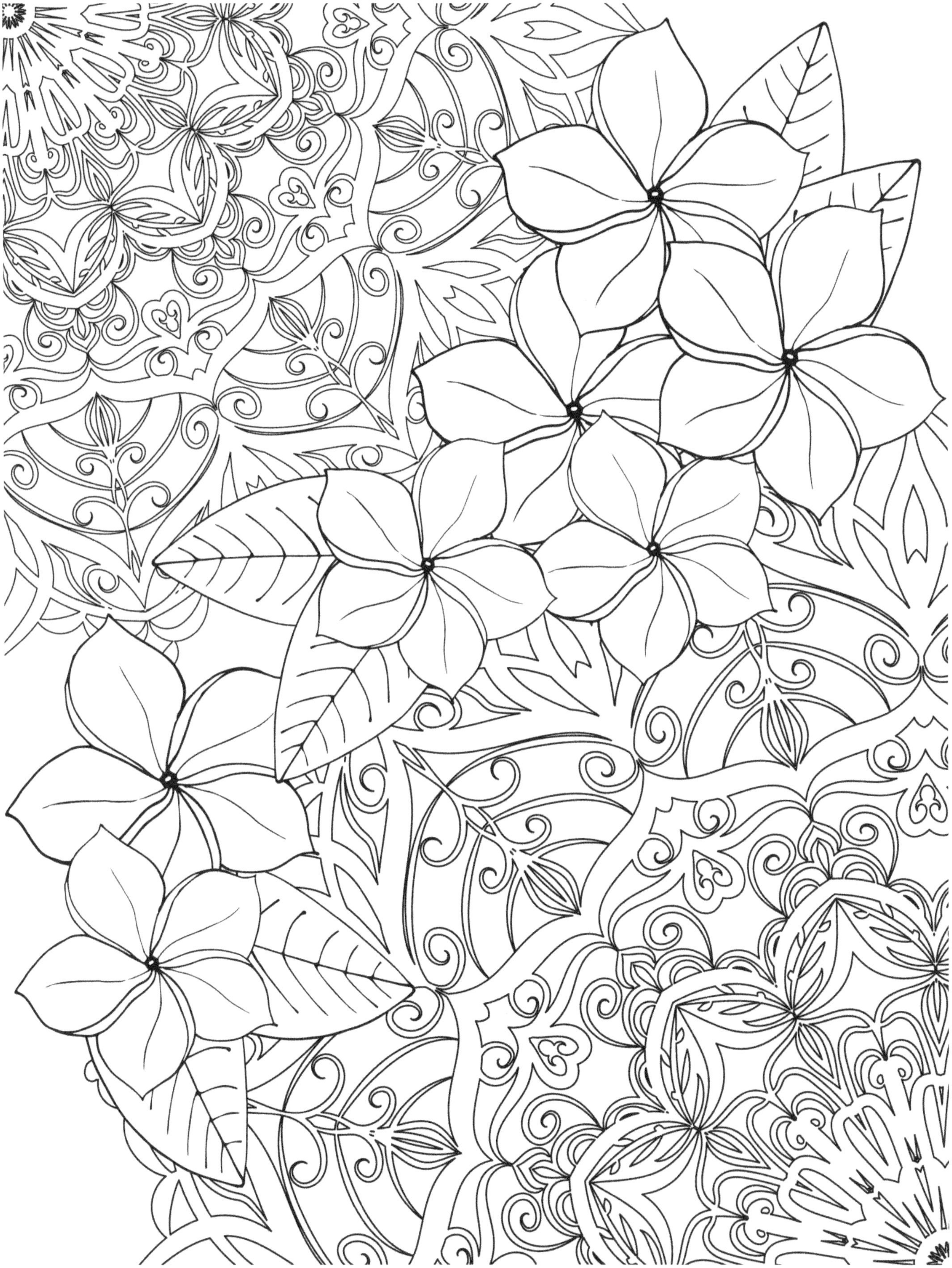

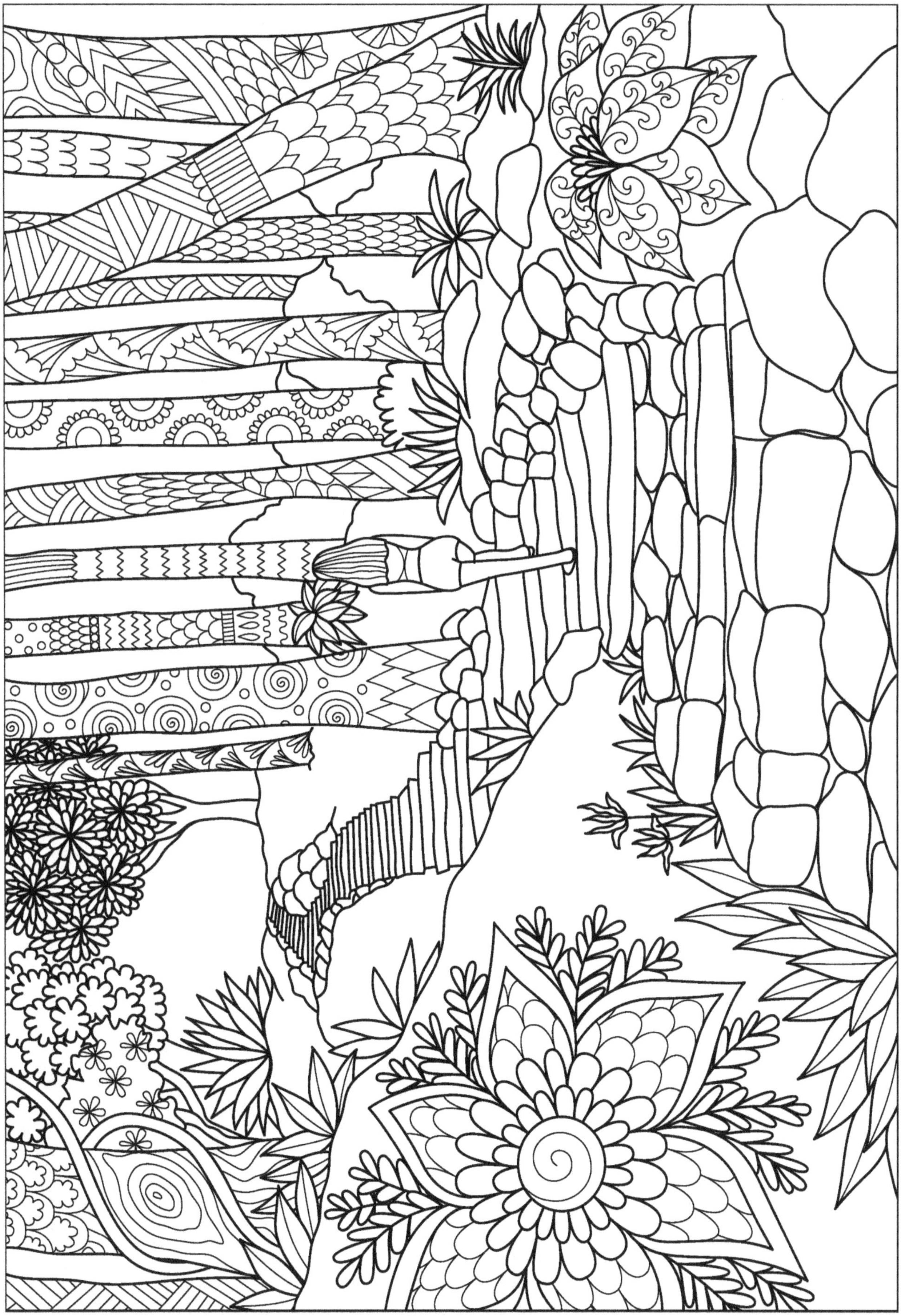

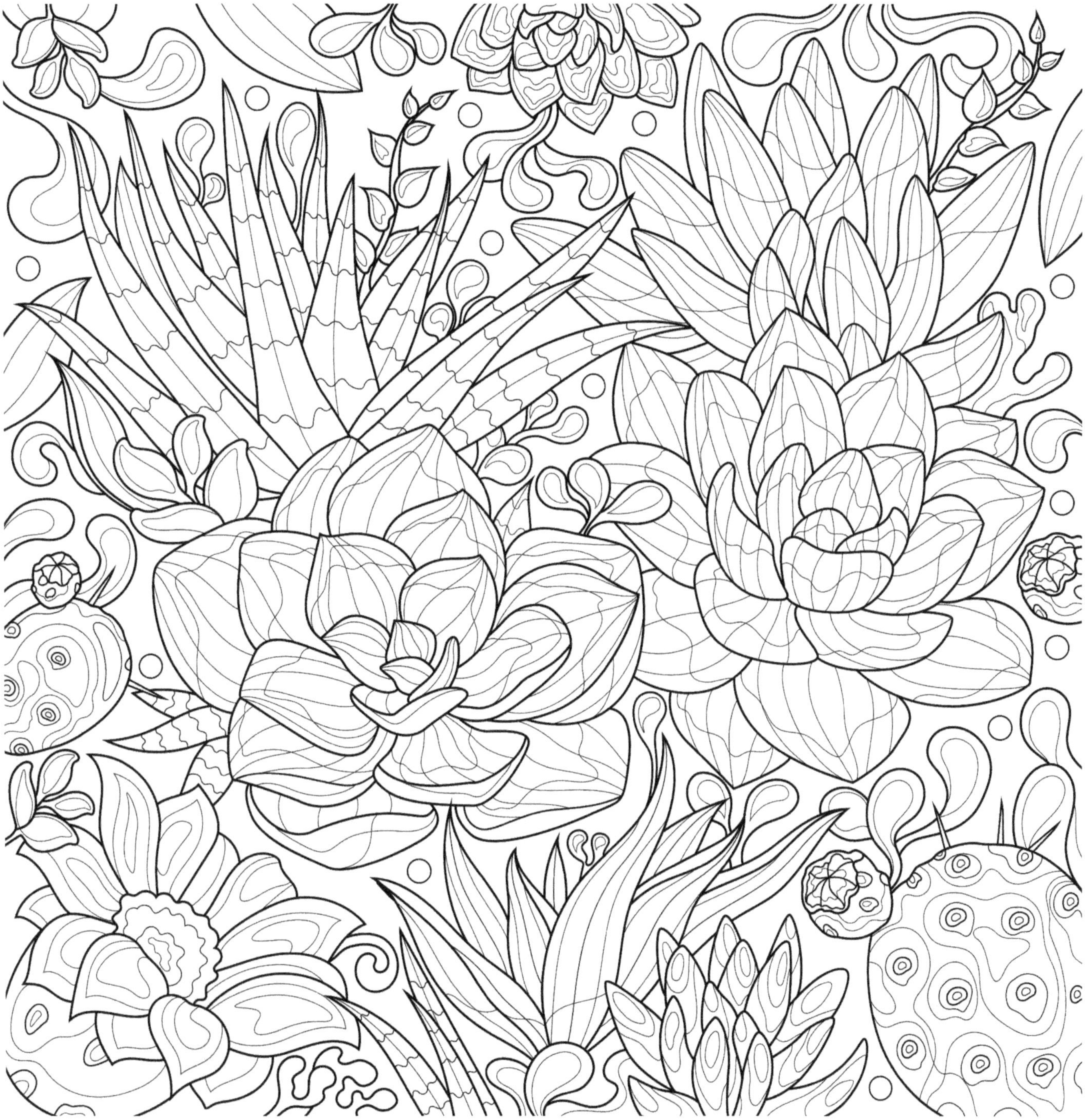

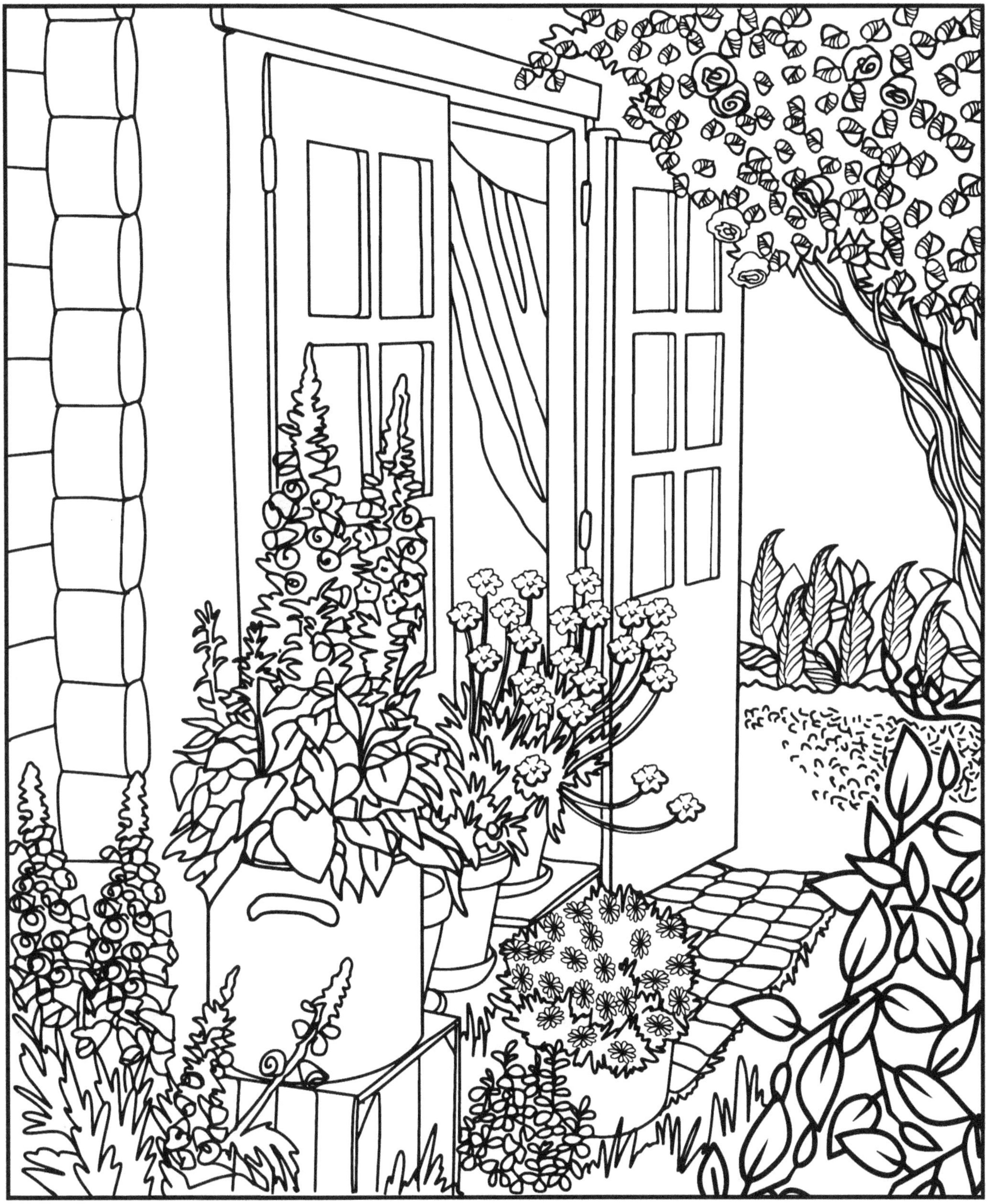

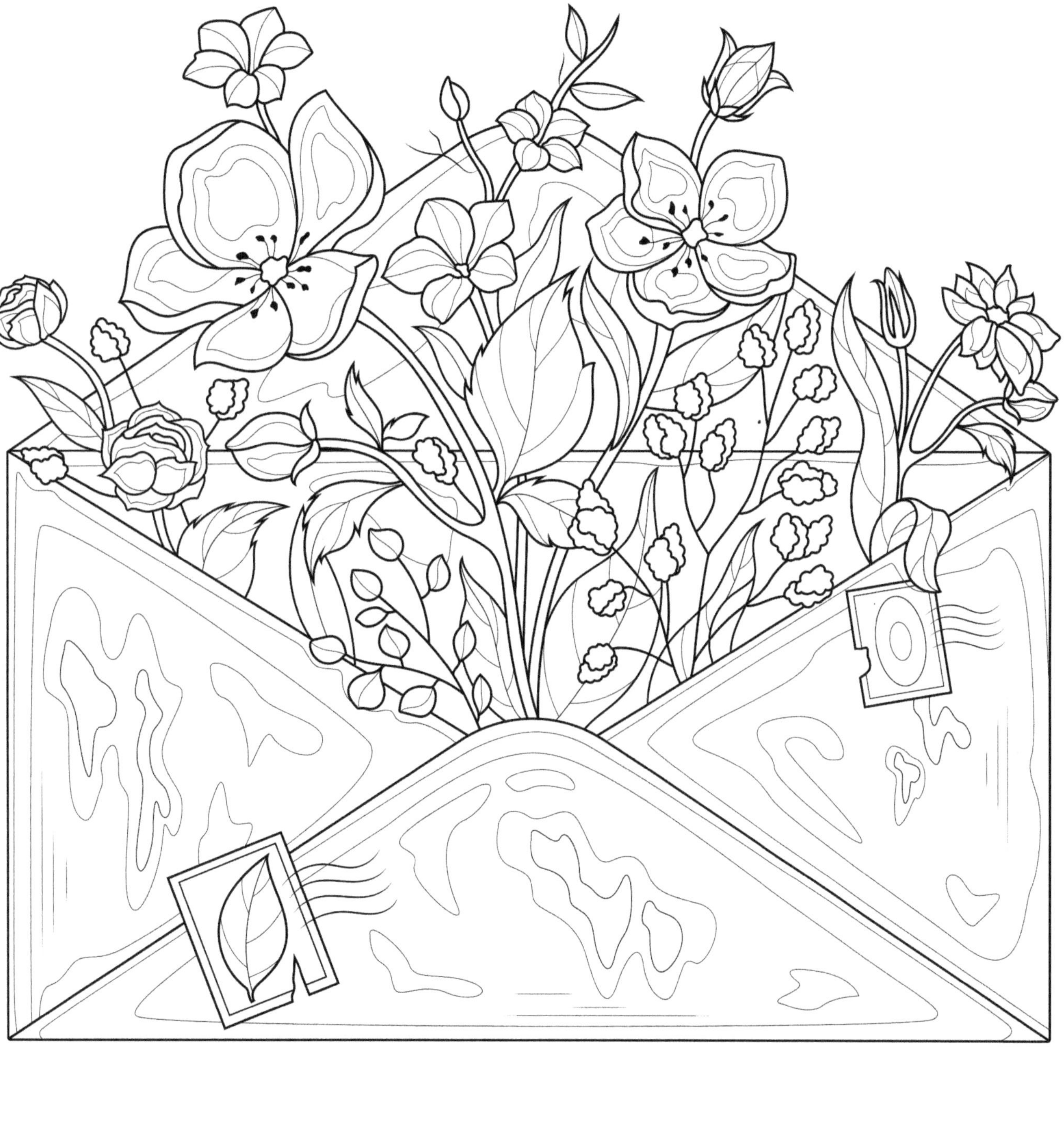

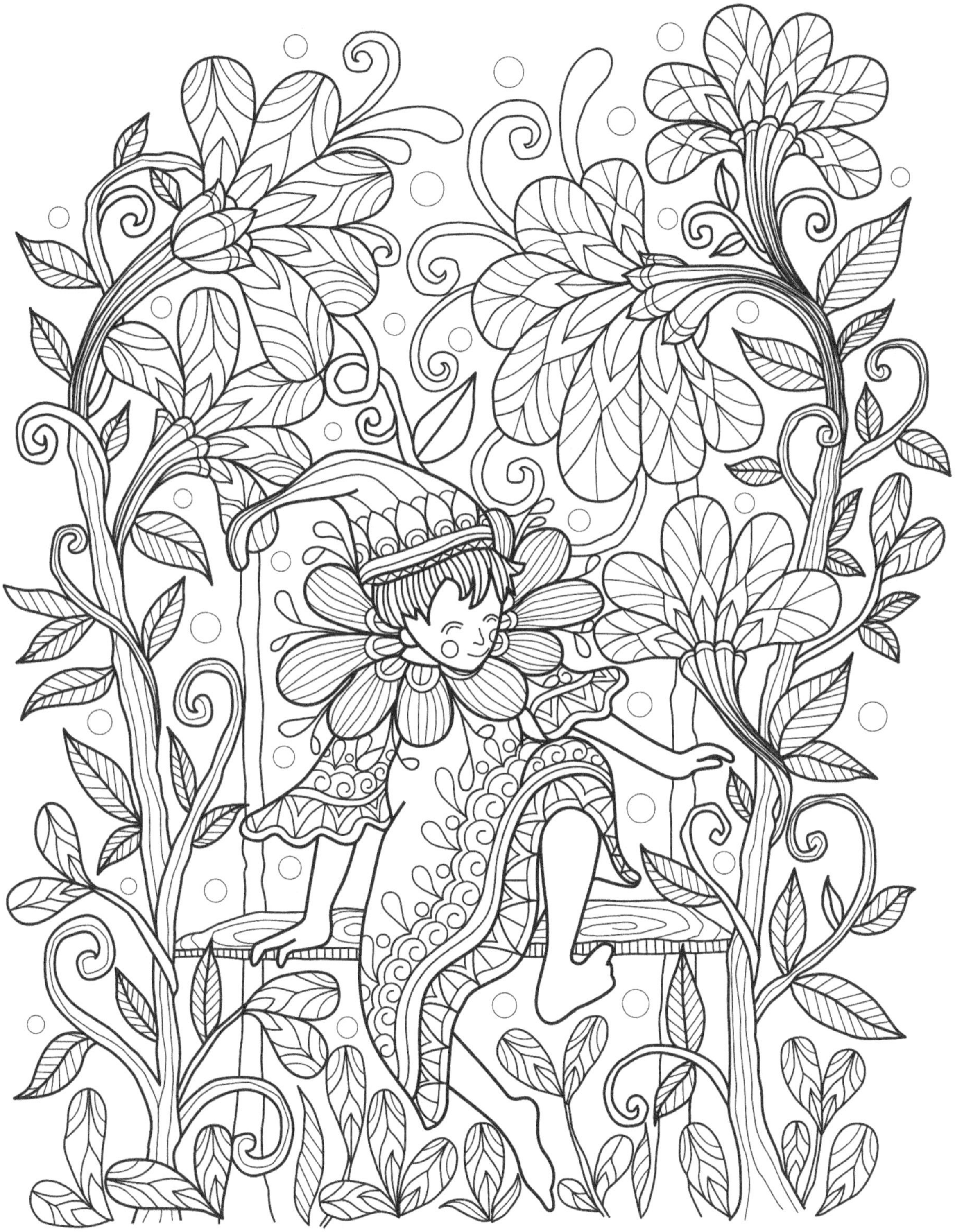

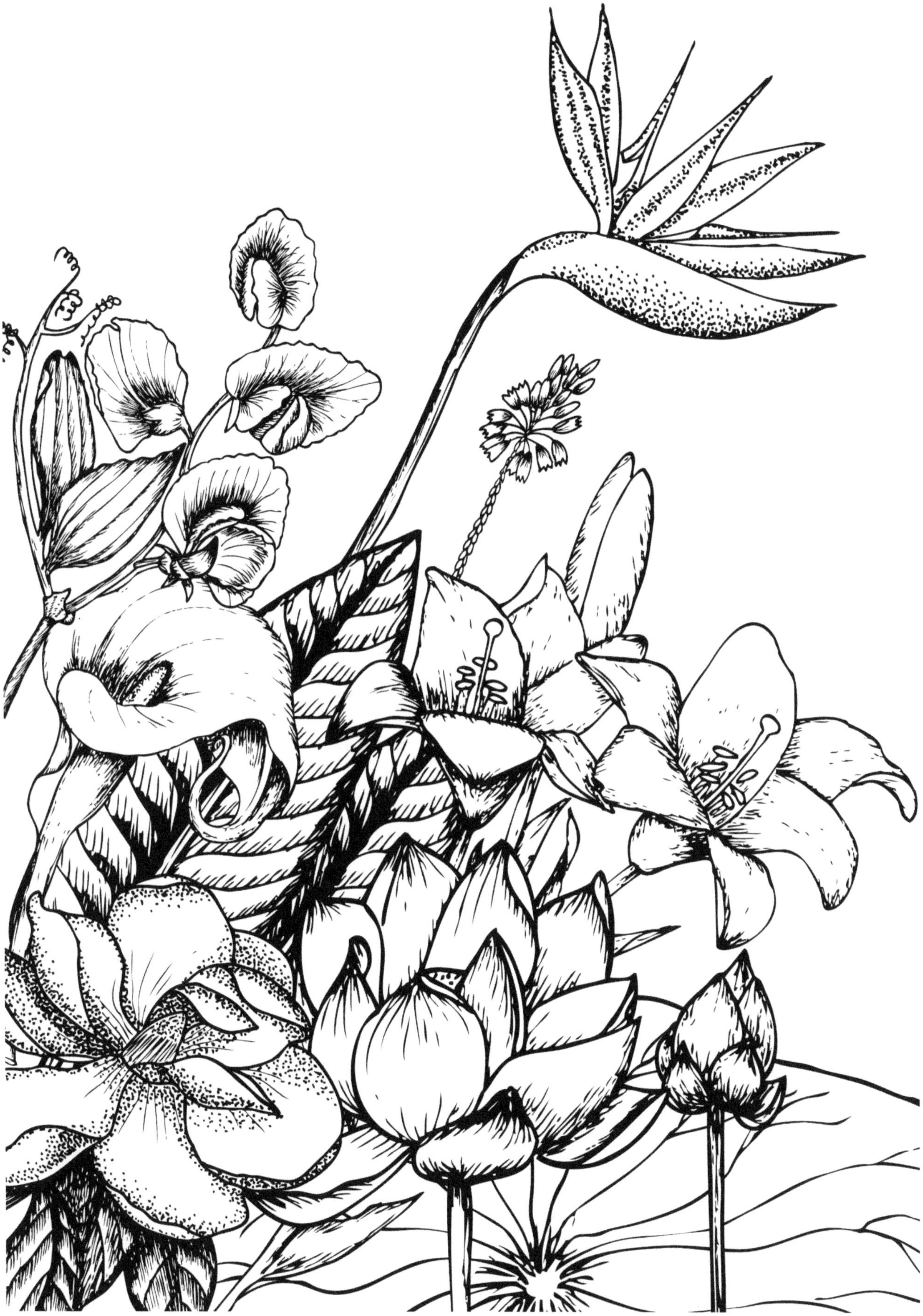

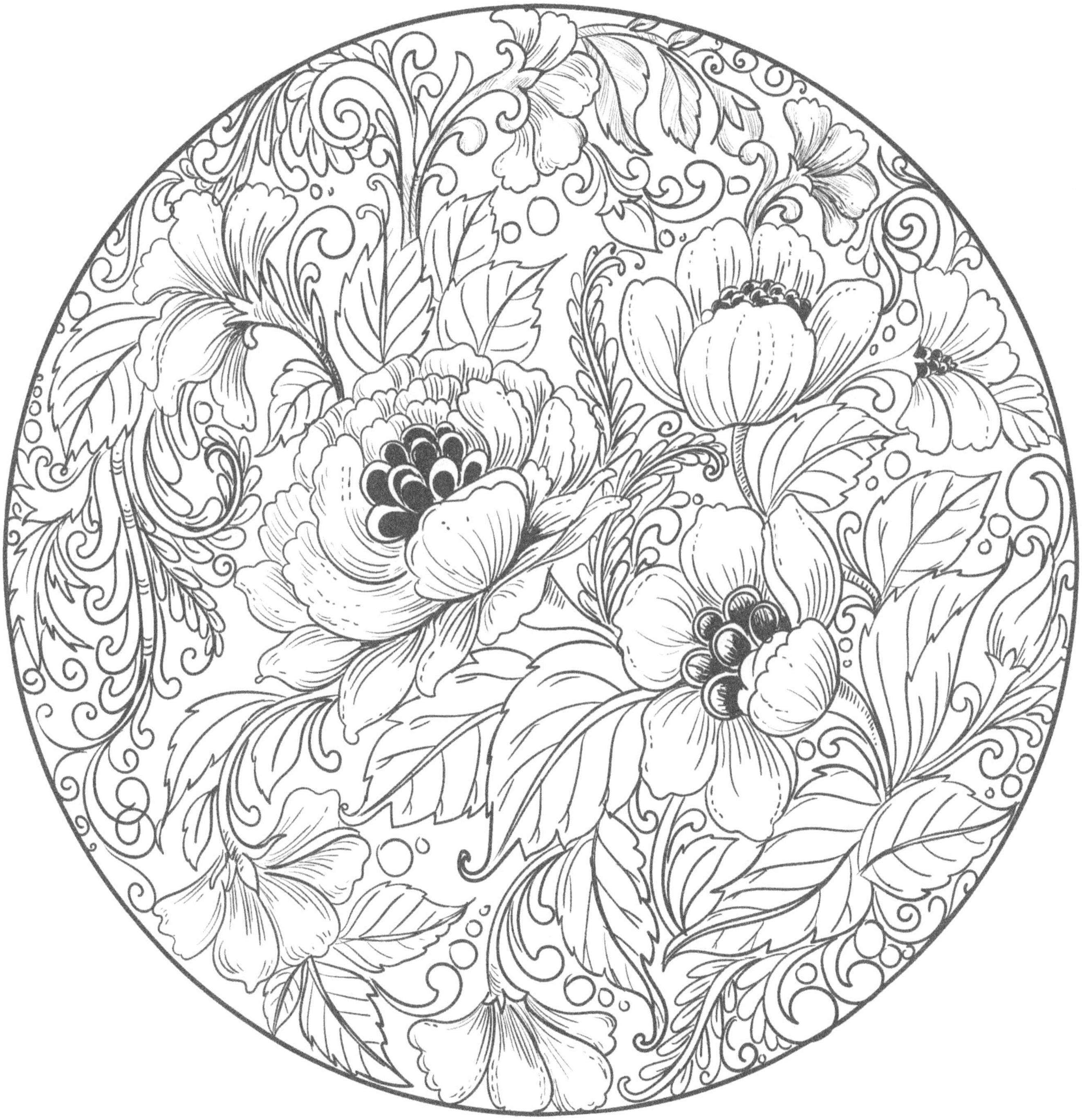

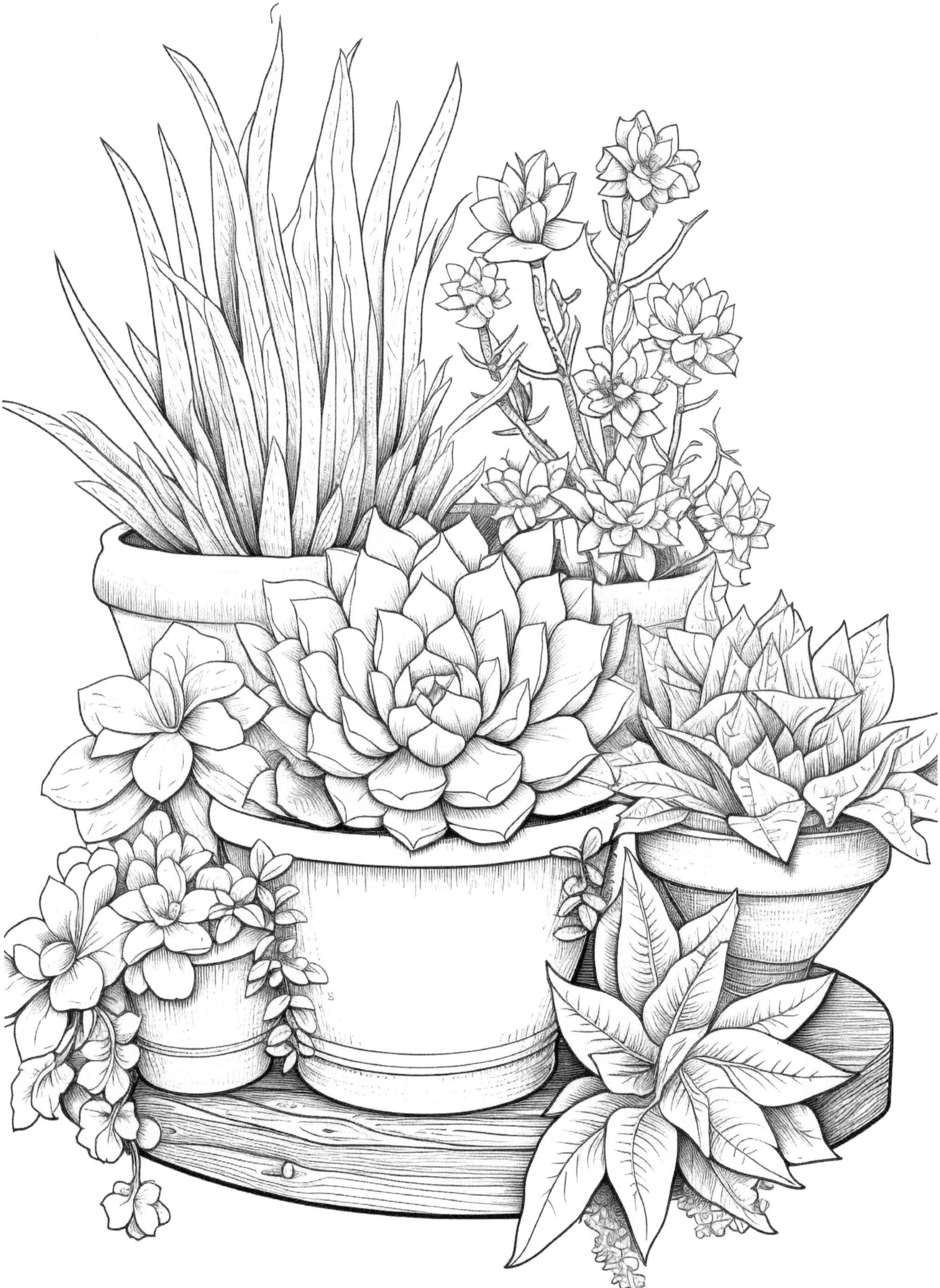

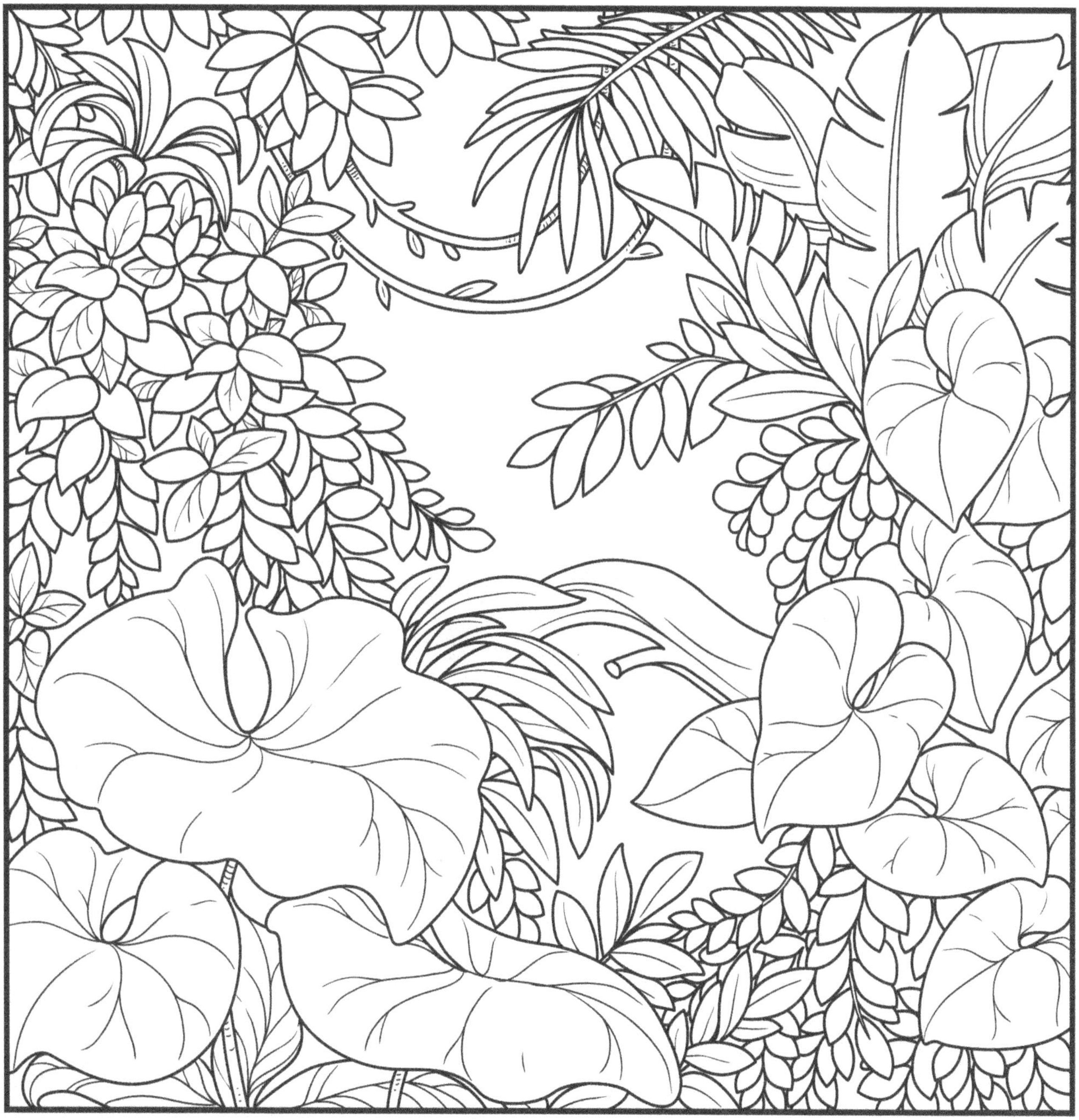

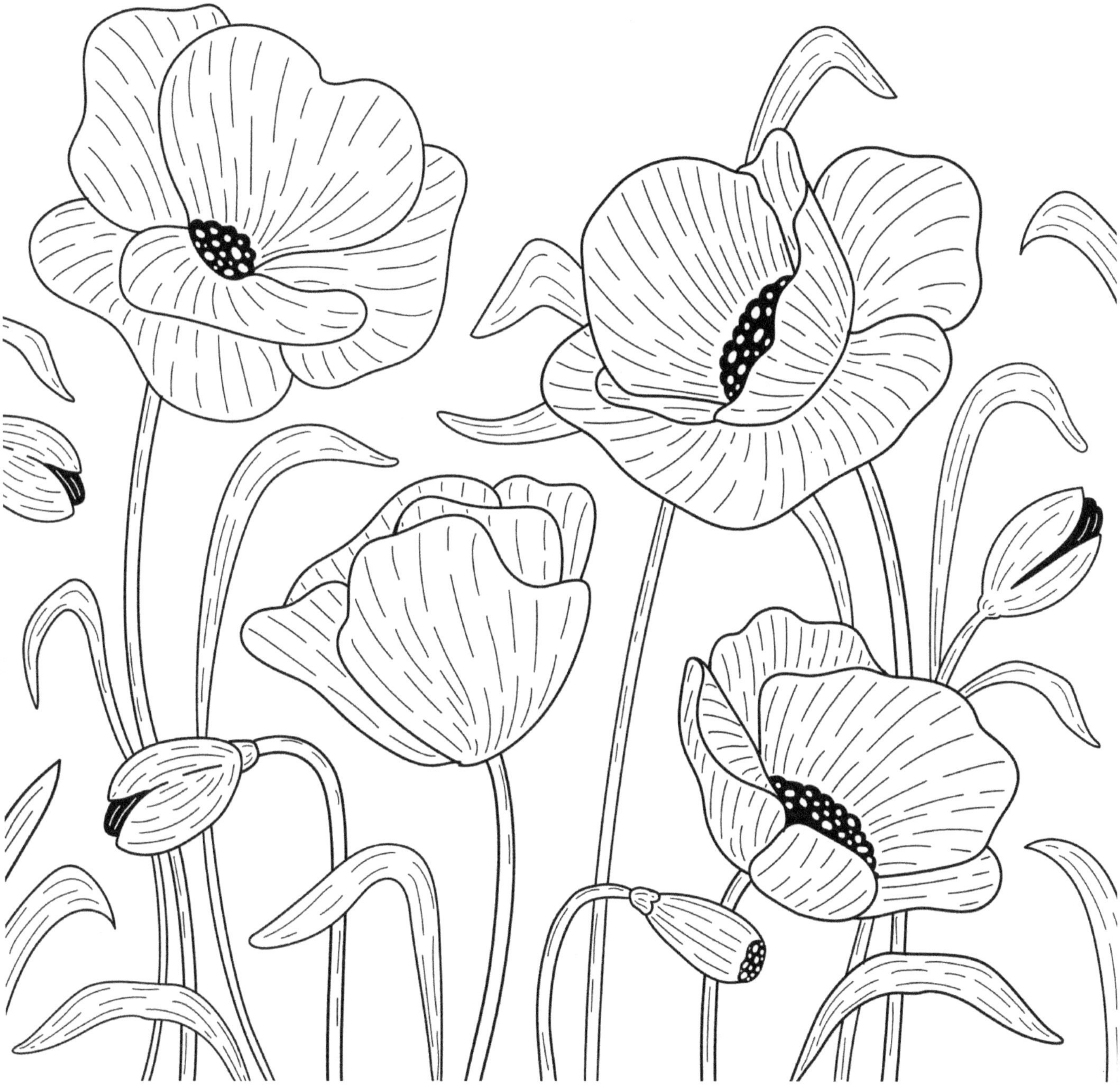

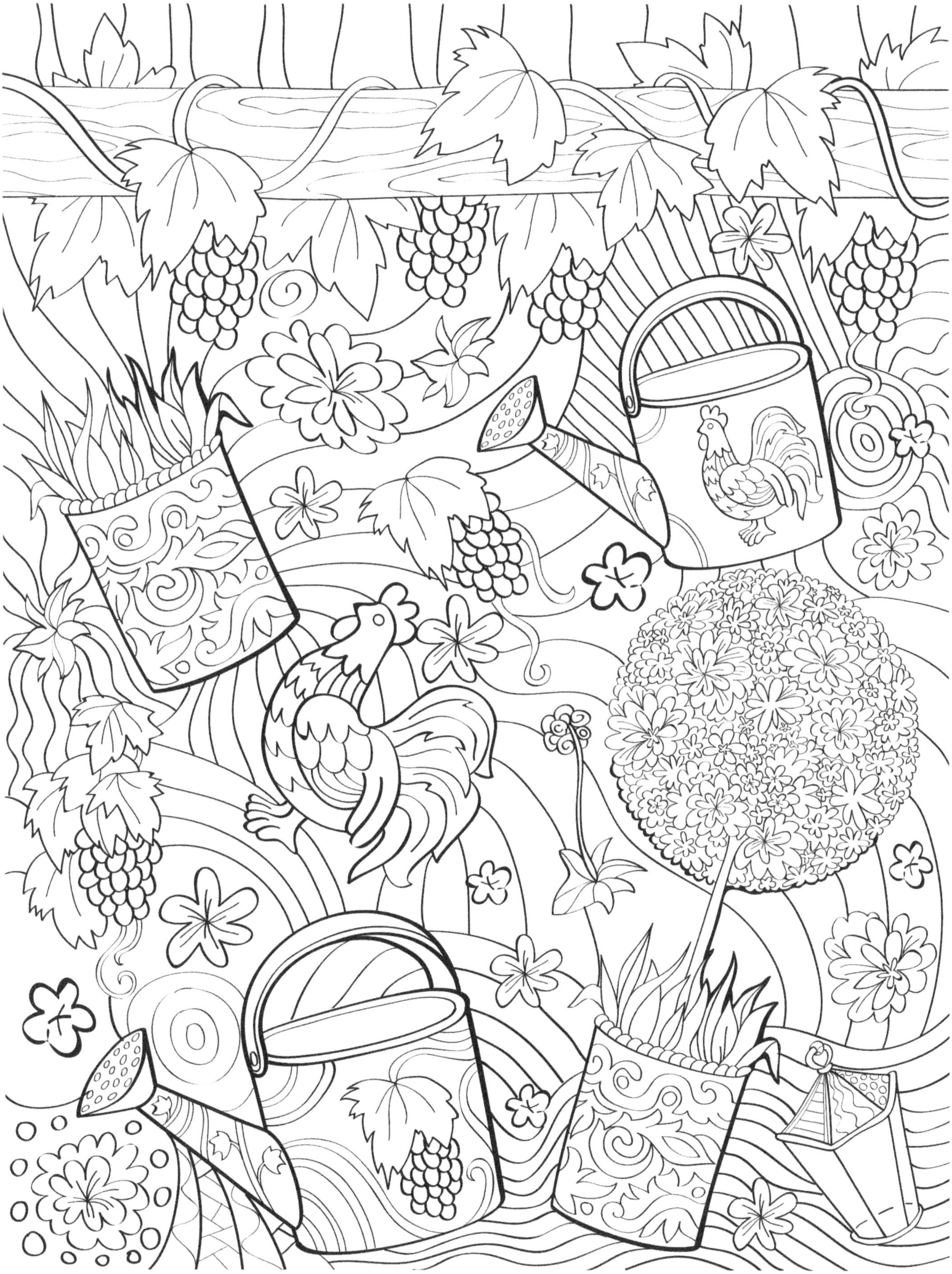

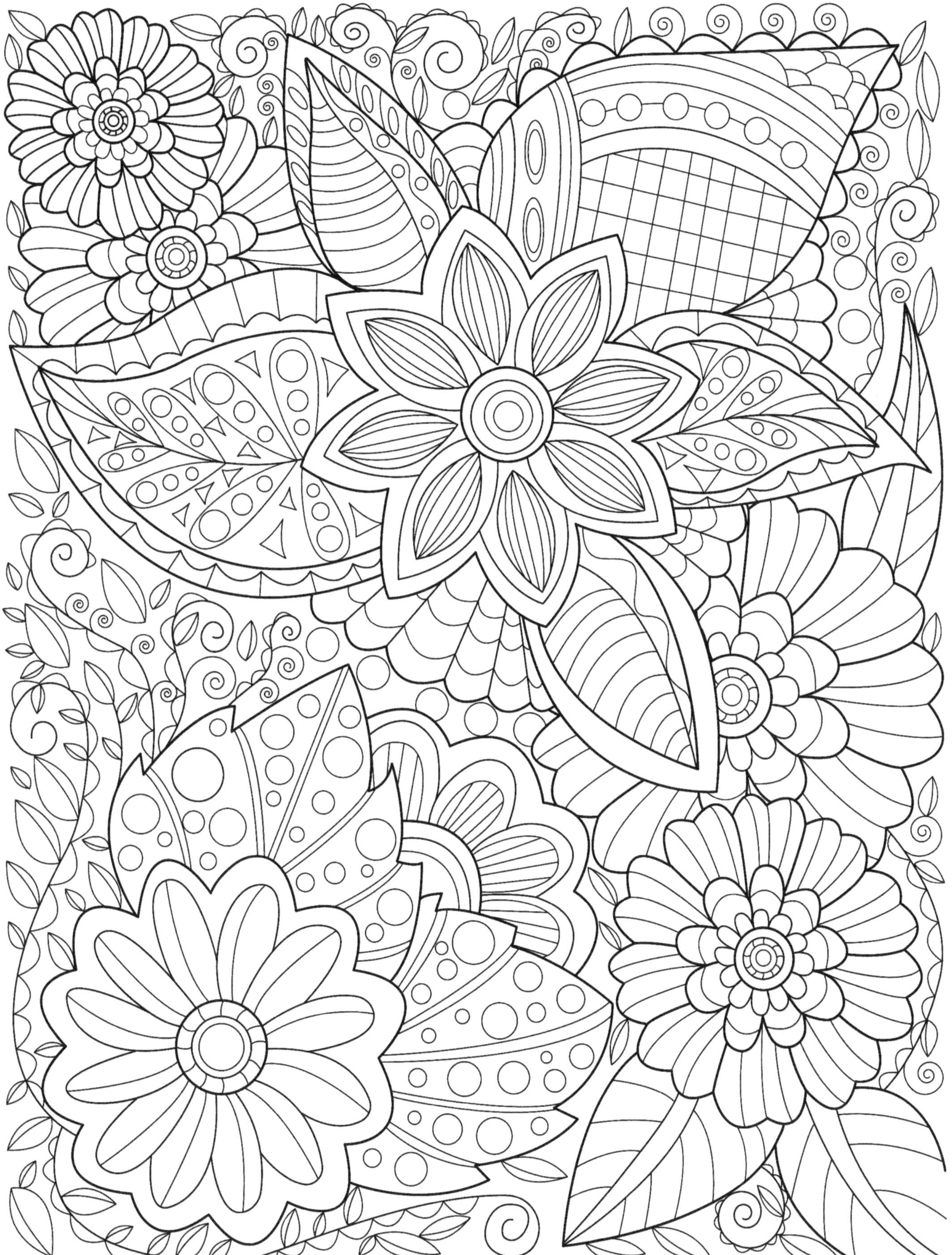

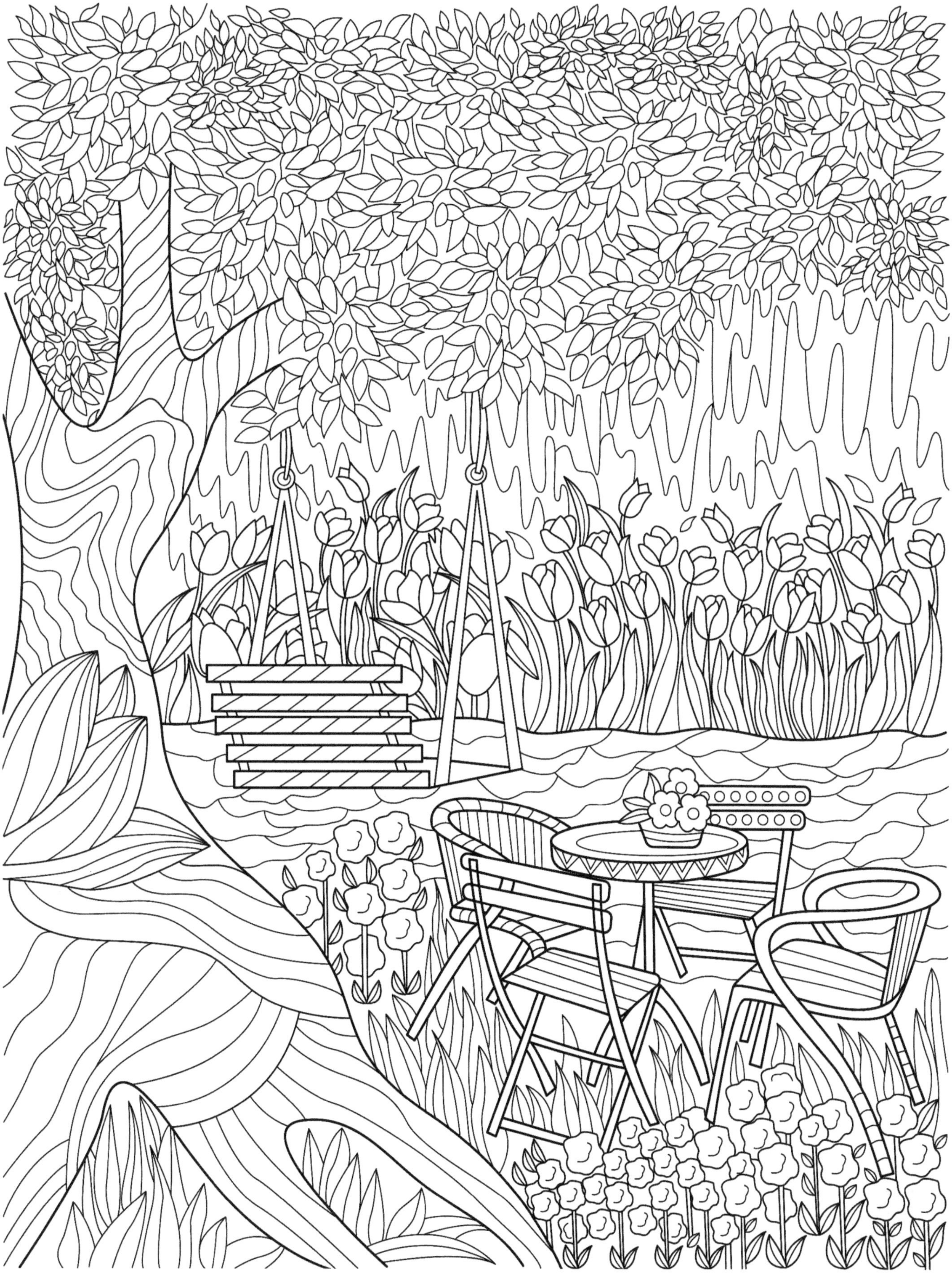

CPSIA information can be obtained
at www.ICGtesting.com
Printed in the USA
BVHW020600150623
665886BV00009BA/658

9 798211 187528